Gramática da Língua Portuguesa

Para leigos
Edição de Bolso

Gramática da Língua Portuguesa

Para leigos
Edição de Bolso

Magda Bahia Schlee

ALTA BOOKS
EDITORA
Rio de Janeiro, 2018

Gramática da Língua Portuguesa Para Leigos® — Edição de Bolso
Copyright © 2018 da Starlin Alta Editora e Consultoria Eireli. ISBN: 978-85-508-0339-5

Todos os direitos estão reservados e protegidos por Lei. Nenhuma parte deste livro, sem autorização prévia por escrito da editora, poderá ser reproduzida ou transmitida. A violação dos Direitos Autorais é crime estabelecido na Lei nº 9.610/98 e com punição de acordo com o artigo 184 do Código Penal.

A editora não se responsabiliza pelo conteúdo da obra, formulada exclusivamente pelo(s) autor(es).

Marcas Registradas: Todos os termos mencionados e reconhecidos como Marca Registrada e/ou Comercial são de responsabilidade de seus proprietários. A editora informa não estar associada a nenhum produto e/ou fornecedor apresentado no livro.

Impresso no Brasil — 1ª Edição, 2018 — Edição revisada conforme o Acordo Ortográfico da Língua Portuguesa de 2009.

Publique seu livro com a Alta Books. Para mais informações envie um e-mail para autoria@altabooks.com.br

Obra disponível para venda corporativa e/ou personalizada. Para mais informações, fale com projetos@altabooks.com.br

Produção Editorial Editora Alta Books	**Produtor Editorial** Thiê Alves	**Marketing Editorial** Silas Amaro marketing@altabooks.com.br	**Gerência de Captação e Contratação de Obras** autoria@altabooks.com.br	**Vendas Atacado e Varejo** Daniele Fonseca Viviane Paiva comercial@altabooks.com.br
Gerência Editorial Anderson Vieira	**Produtor Editorial (Design)** Aurélio Corrêa		**Ouvidoria** ouvidoria@altabooks.com.br	
Equipe Editorial	Adriano Barros Aline Vieira Bianca Teodoro	Ian Verçosa Illysabelle Trajano Juliana de Oliveira	Kelry Oliveira Paulo Gomes Thales Silva	Viviane Rodrigues
Copidesque Carolina Gaio	**Revisão Gramatical** Hellen Suzuki	**Diagramação** Joyce Matos		

Erratas e arquivos de apoio: No site da editora relatamos, com a devida correção, qualquer erro encontrado em nossos livros, bem como disponibilizamos arquivos de apoio se aplicáveis à obra em questão.

Acesse o site www.altabooks.com.br e procure pelo título do livro desejado para ter acesso às erratas, aos arquivos de apoio e/ou a outros conteúdos aplicáveis à obra.

Suporte Técnico: A obra é comercializada na forma em que está, sem direito a suporte técnico ou orientação pessoal/exclusiva ao leitor.

A editora não se responsabiliza pela manutenção, atualização e idioma dos sites referidos pelos autores nesta obra.

Dados Internacionais de Catalogação na Publicação (CIP) de acordo com ISBD

S339g	Schlee, Magda Bahia
	Gramática da Língua Portuguesa Para Leigos Edição de bolso / Magda Bahia Schlee. - Rio de Janeiro : Alta Books, 2018. 248 p. ; 12cm x 17cm. – (For Dummies)
	ISBN: 978-85-508-0339-5
	1. Língua portuguesa. 2. Gramática. I. Título. II. Série.
2018-932	CDD 469.5 CDU 81'36

Elaborado por Vagner Rodolfo da Silva - CRB-8/9410

Rua Viúva Cláudio, 291 — Bairro Industrial do Jacaré
CEP: 20.970-031 — Rio de Janeiro (RJ)
Tels.: (21) 3278-8069 / 3278-8419
www.altabooks.com.br — altabooks@altabooks.com.br
www.facebook.com/altabooks — www.instagram.com/altabooks

Sobre a Autora

Magda Bahia Schlee possui graduação em Letras pela Universidade do Estado do Rio de Janeiro (1987), mestrado em Letras (Letras Vernáculas) pela Universidade Federal do Rio de Janeiro (1994) e doutorado em Letras pela Universidade do Estado do Rio de Janeiro (2008). É professora adjunta da Universidade do Estado do Rio de Janeiro. Tem experiência na área de Letras, atuando principalmente nos seguintes temas: sintaxe, linguística sistêmico-funcional, produção textual, ensino-aprendizagem.

Dedicatória

Dedico este livro a José Oswaldo, pelo amor e apoio constante; a Lucas e Antônio, simplesmente por existirem; a meus pais, Gustavo e Iracema, pela dedicação irrestrita; a minhas irmãs, Bu e Mon, por sabê-las sempre tão presentes.

Agradecimentos

Agradeço a meus alunos, os de ontem e os de hoje, que me inspiram e motivam sempre.

Agradeço também a toda a equipe da Alta Books, na pessoa de Anderson Vieira, tão disponível para me atender em todos os momentos.

Meus agradecimentos ainda a Gianna, Cristiane, Milena e Christian, que acompanharam este trabalho em diferentes momentos.

Sumário

Parte 1: Palavras, Muitas Palavras... 5

CAPÍTULO 1: As Palavras e Suas Classes 7

CAPÍTULO 2: Classes Básicas, Classes Dependentes e Classes
de Ligação 23

CAPÍTULO 3: Soltando o Verbo...............................29

CAPÍTULO 4: Substantivo, Esse É o Nome 45

CAPÍTULO 5: Adjetivo, o Par Perfeito do Substantivo............57

CAPÍTULO 6: Pronomes, uma Classe Muito Útil 63

CAPÍTULO 7: A Intimidade das Palavras: Estrutura e
Formação das Palavras......................................81

Parte 2: Análise Sintática. Sem Medo!............... 91

CAPÍTULO 8: Sintaxe para quê? 93

CAPÍTULO 9: Termos Essenciais da Oração: Esses Não
Podem Faltar..97

CAPÍTULO 10: Termos Integrantes da Oração: Uma Ajudinha Extra ...109

CAPÍTULO 11: Termos Acessórios da Oração: Detalhes
que Fazem Diferença 119

Parte 3: O Período, Composto de quê?............. 127

CAPÍTULO 12: Unindo Orações: Coordenação e Subordinação 129

CAPÍTULO 13: Orações Subordinadas Substantivas..................145

CAPÍTULO 14: Orações Subordinadas Adjetivas 153

CAPÍTULO 15: Orações Subordinadas Adverbiais...................161

Parte 4: Seguindo a Norma-padrão 167

CAPÍTULO 16: "Inútil! A Gente Somos Inútil." Uma Questão
de Concordância 169

CAPÍTULO 17: "Um Chopes e Dois Pastel." A Hora e a Vez da
Concordância Nominal.....................................185

CAPÍTULO 18: Regendo uma Orquestra de Verbos e Nomes:
Entendendo o que É Regência...............................197

CAPÍTULO 19: Conhecendo Seu Lugar: A Colocação dos
Termos na Oração...215

Parte 5: Escrevendo Certo: Tudo o que Você Precisa para Não Passar Vergonha 221

CAPÍTULO 20: Sábia, Sabia ou Sabiá? Como Acentuar
Corretamente as Palavras..................................223

CAPÍTULO 21: A Crase: Um Caso Não Tão Grave...................229

CAPÍTULO 22: Taxa ou Tacha? Descomplicando a Ortografia........233

CAPÍTULO 23: O Hífen: Traço de União?.........................241

Introdução

É muito comum ouvirmos dizer por aí que o português é uma língua difícil. Curioso é que muitas das pessoas que dizem isso o usam no seu dia a dia para interagir umas com as outras sem maiores problemas. Mas então que português é esse tão difícil assim? Na verdade, a grande dificuldade que muitos falantes têm em relação à língua portuguesa se concentra em uma de suas variedades, a chamada variedade padrão.

O português, como qualquer outra língua, apresenta variedades. Varia no tempo (daí o português do século XIX, por exemplo, ser diferente do português de hoje em dia); varia no espaço (por isso temos um português lusitano com características diferentes do brasileiro e, mais, um português carioca, paulista, sulista, nordestino); varia também segundo o grau de instrução do falante (resultando em duas variedades de língua: a escolarizada e a não escolarizada) e, finalmente, varia segundo a situação de comunicação, isto é, o local em que nos encontramos, a pessoa com quem falamos e o motivo da nossa comunicação — e, nesse caso, há duas variedades de fala: formal e informal.

Este livro aqui trata de uma dessas variedades, a chamada norma-padrão da língua portuguesa, que é justamente a variedade que costuma nos dar uma certa dor de cabeça. Isso ocorre porque esse é o padrão de linguagem usado em situações formais, mais distantes do uso coloquial que fazemos da nossa língua.

Você deve estar se perguntando qual é a utilidade de conhecer a norma-padrão do português. Bem, não são raras as situações em que precisamos usar a nossa língua em sua variedade padrão. Fazer um relatório, elaborar um trabalho acadêmico ou técnico, escrever um memorando, enviar um e-mail ao chefe, participar de uma entrevista de emprego e produzir uma redação escolar são atividades comuns a muitos de nós e, nesses momentos, é comum surgirem dúvidas.

Mas o fato de a variedade padrão ser o foco deste livro não significa, de modo algum, rejeição ou preconceito com as outras variedades. Significa sim que a norma-padrão pelo grande prestígio social e pela ampla utilidade merece atenção de todos os usuários da língua.

Sobre Este Livro

Este livro destina-se a todos aqueles que, por diferentes razões (*prestar um concurso, tentar o vestibular, tirar dúvidas na hora de escrever um texto*), querem conhecer melhor a língua portuguesa em sua variedade padrão. E, ao dominar mais essa variedade, você tem a chance de se tornar um verdadeiro "poliglota em sua própria língua", nas palavras de Evanildo Bechara, pois, desse modo, saberá selecionar a variante linguística ideal às diferentes situações de comunicação.

Como Este Livro Está Organizado

Cada capítulo de *Gramática da Língua Portuguesa Para Leigos* trata de um aspecto gramatical específico. Os capítulos estão divididos em cinco partes, permitindo que você vá direto ao assunto do seu interesse.

Parte 1: Palavras, Muitas Palavras...

A Parte 1 apresenta as classes de palavras, explicando o que são e para que servem. No Capítulo 1, você descobre como as reconhecer. No Capítulo 2, são apresentadas as classes básicas, as dependentes e as de ligação. No Capítulo 3, você vai aprender sobre os verbos. No Capítulo 4, os substantivos são o foco. O Capítulo 5 é dedicado aos adjetivos. No Capítulo 6, é a vez dos pronomes. E, por último, no Capítulo 7 você conhecerá a estrutura e a formação das palavras.

Parte 2: Análise Sintática. Sem Medo!

A Parte 2 trata da sintaxe e das funções sintáticas. No Capítulo 8, você vai saber o que é sintaxe e para que serve. No Capítulo 9, conhecerá os termos essenciais da oração; no Capítulo 10, os integrantes; e, no Capítulo 11, os acessórios.

Parte 3: O Período, Composto de Quê?

A Parte 3 aborda o período composto. No Capítulo 12, você vai ser apresentado aos processos sintáticos de coordenação e subordinação. O Capítulo 13 destaca as orações subordinadas substantivas; o Capítulo 14, as adjetivas; e o Capítulo 15, as adverbiais.

Parte 4: Seguindo a Norma-padrão

A Parte 4 discorre sobre concordância, regência e colocação pronominal. O Capítulo 16 define e apresenta os tipos de concordância. O Capítulo 17 volta-se para a concordância nominal. No Capítulo 18, busca-se entender o que é regência. Por fim, o Capítulo 19 enfoca a colocação dos termos na oração.

Parte 5: Escrevendo Certo: Tudo o que Você Precisa para Não Passar Vergonha

A Parte 5 visa solucionar dúvidas comuns que temos ao escrever um texto. No Capítulo 20, são apresentadas as regras de acentuação. No Capítulo 21, é a vez da crase. No Capítulo 22, são discutidas algumas regras de ortografia. Já o Capítulo 23 aborda o uso correto do hífen.

Ícones Usados Neste Livro

Este livro usa os seguintes ícones para destacar informações que podem ser de grande utilidade no seu aprendizado da gramática da língua portuguesa.

DICA

Este ícone apresenta informações que o ajudam a solucionar dúvidas durante seu estudo.

LEMBRE-SE

A informação marcada por esse ícone é importante e vale a pena ser guardada. Esse ícone também facilita o encontro de determinada informação em consultas futuras.

Introdução 3

CUIDADO

Parágrafos com este ícone geralmente falam sobre as armadilhas que você pode encontrar pela frente. Preste atenção para não cometer erros.

TESTE

Ao ver esse ícone, responda à questão e coloque em prática o conhecimento adquirido.

De Lá para Cá, Daqui para Lá

Como em todos os livros da série *Para Leigos*, os capítulos de *Gramática da Língua Portuguesa Para Leigos* são independentes entre si. Assim, você pode traçar a própria ordem de leitura, indo atrás daquilo que mais lhe interessar de acordo com seu nível de conhecimento.

1
Palavras, Muitas Palavras...

NESTA PARTE . . .

Bem, é preciso começarmos por algum ponto, e decidimos começar pelas palavras. Não é à toa que a Parte 1 recebeu este nome: *Palavras, Muitas Palavras*... Achamos que conhecer as classes de palavras e a forma como se relacionam umas com as outras permite uma visão geral de como nossa língua funciona.

Assim, esta parte vai apresentar essas classes, não sem antes explicar o que são e para que servem. No Capítulo 1, você já vai descobrir como é fácil as reconhecer. No Capítulo 2, apresentaremos as classes básicas, as dependentes e as de ligação. Já no Capítulo 3, você vai saber tudo sobre verbos. No Capítulo 4, é a vez dos substantivos. O Capítulo 5 é dedicado aos adjetivos. Em seguida, no Capítulo 6, você verá para que servem os pronomes. No Capítulo 7, conhecerá as palavras na sua intimidade.

NESTE CAPÍTULO

» Descobrindo o que são as classes de palavras

» Apresentando as classes de palavras

» Identificando as classes básicas, as dependentes e as de ligação

Capítulo **1**

As Palavras e Suas Classes

Só de olhar para qualquer bom dicionário, como o *Aurélio* ou o *Houaiss*, já dá para notar a grande quantidade de palavras que existem na língua portuguesa. E, a cada dia, ainda são criadas novas palavras para atender às necessidades que surgem. Na área da tecnologia, por exemplo, com o surgimento constante de novidades, novas palavras aparecem para nomeá-las. Há uns 40 anos ninguém saberia o significado de vocábulos como **computador**, **clonagem**, **blog** simplesmente porque esses recursos não existiam. Fora isso, muitas palavras ainda são criadas em obras literárias. Guimarães Rosa, por exemplo, era um mestre na criação de novas palavras, os chamados *neologismos*.

Agora, imagine só analisar uma a uma todas as palavras existentes na língua portuguesa. Seria uma loucura, não é? Assim, para facilitar o estudo das palavras de uma língua, elas são distribuídas em grupos ou classes de acordo com as semelhanças que apresentam. Essa organização acontece para que possamos estudar com mais facilidade as palavras. Com o estudo das classes, reconhecemos em cada grupo características em comum. Desse modo, quando somos apresentados a uma nova palavra, basta reconhecermos suas particularidades para encaixá-la em determinada classe.

As palavras são classificadas de acordo com o *sentido*, a *forma* e a *maneira* de se relacionarem com as outras, ou seja, a *função* que desempenham. São os chamados critérios *semântico*, *mórfico* e *sintático*, que definem as classes de palavras. Quanto mais conhecermos essas características, maiores as chances de empregarmos adequadamente as palavras de uma língua.

As Classes de Palavras

Em nossa língua, existem dez classes de palavras, e cada uma delas tem características próprias. São elas: *artigo, adjetivo, advérbio, conjunção, interjeição, numeral, preposição, pronome, substantivo* e *verbo*. Você agora vai as conhecer, levando em conta o sentido (critério semântico), a forma (critério mórfico) e a maneira como se relacionam com as outras classes (critério sintático).

DICA

Se você tem dúvida sobre a classe gramatical de determinada palavra, o dicionário pode ajudar. Essa informação vem apresentada no início dos verbetes do dicionário. O que é um verbete? *Verbete* é o conjunto de significações e exemplos de um vocábulo. Por exemplo, o verbete do vocábulo **abraço** do dicionário *Aurélio* (www.aureliopositivo.com.br) apresenta as seguintes informações:

abraço. [Dev. de abraçar.] *S. m. 1.* Ato de abraçar (1); amplexo. *2.* Fig, Demonstração de amizade. *3.* Ligação, união. [...]

Repare nas abreviações *S. m.* Elas significam que a palavra **abraço** é um *substantivo masculino*. Assim, se você quiser saber a classe de

8 PARTE 1 **Palavras, Muitas Palavras...**

determinado vocábulo, consulte o dicionário. Antes de cada definição apresentada, aparece uma abreviação que corresponde a sua classe gramatical:

Art. = Artigo
Adj. = Adjetivo
Conj. = Conjunção
Interj. = Interjeição
Num. = Numeral
Prep. = Preposição
Pron. = Pronome
S. = Substantivo
V. = Verbo

Você vai conhecer cada uma das classes de palavras citadas. Na lista acima, as classes foram apresentadas em ordem alfabética. Agora, mudaremos um pouco essa ordem, pois, muitas vezes, para entendermos melhor uma classe, precisamos conhecer a definição de outra. Por esse motivo, resolvemos começar pelo *substantivo*.

Substantivos: Pessoas, Coisas, Lugares

Você já deve ter percebido que damos nomes a tudo que existe a nossa volta. E o substantivo é justamente a palavra que *nomeia* os seres em geral, ou seja, pessoas, animais, coisas e lugares. É importante lembrar que os substantivos também podem nomear as ações. Por exemplo, a palavra **fuga** é um substantivo que nomeia a ação de **fugir**. Além das ações, os substantivos também dão nome às qualidades, aos estados e aos sentimentos, como acontece com os substantivos **honestidade** (nome da qualidade de honesto), **fome** (nome do estado de quem tem fome) e **amor** (nome de um sentimento).

Outra característica dos substantivos é que podem sofrer alteração na sua forma de acordo com o emprego na frase. Por exemplo, o substantivo **juiz** pode variar em *gênero* (feminino/masculino) e *número*

CAPÍTULO 1 **As Palavras e Suas Classes** 9

(singular/plural). Assim, pode assumir as formas **juíza/juízes**. Os substantivos são, pois, classes *variáveis*. Observe os exemplos:

O *juiz* agiu com rigor.

A *juíza* agiu com rigor.

Os *juízes* agiram com rigor.

As *juízas* agiram com rigor.

Além de nomearem os seres e serem variáveis, os substantivos funcionam também como suporte, ao qual se ligam palavras modificadoras. É o que acontece com o substantivo **livros** nas frases abaixo. A ele estão ligadas as palavras: **os**, **dois**, **meus** e **excelentes**, que modificam seu sentido.

Os *livros* estavam sobre a mesa.

Compramos dois *livros* ontem.

Meus *livros* estão em ótimo estado.

Ganhei excelentes *livros*.

Fica claro, assim, que os *substantivos*, do ponto de vista semântico, nomeiam todo tipo de ser; do ponto de vista mórfico, variam em gênero e número e, do ponto de vista sintático, funcionam como o suporte ao qual se ligam palavras modificadoras.

Verbos: Ações, Estados e Fenômenos da Natureza

Você, certamente, usa muitos verbos quando fala ou escreve. Isso ocorre porque os verbos são o coração da oração. Eles podem indicar *ação* (**dançar**, **brincar**), *estado* (**ser**, **ficar**) ou *fenômeno da natureza* (**chover**, **nevar**, **trovejar**), sempre em relação a um determinado tempo.

Os verbos também são palavras *variáveis*, isto é, sua forma varia em *tempo* (passado, presente e futuro), *modo* (indicativo, subjuntivo e imperativo), *número* (singular e plural) e *pessoa* (1ª, 2ª e 3ª). As frases abaixo ilustram essa possibilidade de variação:

Ele *viajou* no ano passado.

(**viajou** = pretérito perfeito/indicativo/singular/3ª pessoa)

Talvez nós *viajemos* hoje.

(**viajemos** = presente/subjuntivo/plural/1ª pessoa)

Percebemos ainda que os verbos são indispensáveis para formar uma oração. É a partir deles que é possível identificar as relações entre as partes de uma oração.

Pelo que você pôde perceber, os *verbos*, do ponto de vista semântico, designam um processo ou estado; do ponto de vista mórfico, apresentam variação de tempo, modo, número e pessoa e, sintaticamente, estabelecem relações sintáticas nas orações.

Adjetivos: O Tempero dos Substantivos

É isso mesmo, os adjetivos são o tempero dos substantivos. Isso acontece porque os adjetivos expressam os *estados*, *qualidades* ou *características* deles. Assim, relacionam-se sempre aos substantivos (ou a qualquer palavra que os substitua), modificando seu sentido.

Repare na frase seguinte:

Comprei um *excelente* livro de português.

O adjetivo **excelente** indica uma qualidade do substantivo **livro**, modificando seu sentido, ou seja, não comprei qualquer livro, mas um **excelente** livro de português.

A classe dos adjetivos varia em *gênero* e *número*. E, exatamente por se referirem aos substantivos, por dependerem deles, os adjetivos

CAPÍTULO 1 **As Palavras e Suas Classes**

concordam com eles em *gênero* e *número*, ou seja, se o substantivo for feminino, o adjetivo assume a forma feminina; se o substantivo estiver no plural, o adjetivo também irá para o plural. Observe a frase abaixo que mostra como essa concordância acontece:

Ela gosta de roupas *exóticas.*

(O adjetivo **exóticas** está no feminino plural porque se refere ao substantivo **roupas**, que é feminino e está no plural.)

Podemos, assim, chegar às seguintes conclusões sobre os *adjetivos*: do ponto de vista semântico, qualificam os substantivos; do ponto de vista mórfico, assumem as flexões de gênero e número e assumem também a categoria de grau e, do ponto de vista sintático, relacionam-se aos substantivos ou palavras com valor de substantivo.

Artigos: A Marca dos Substantivos

É bem fácil reconhecer os artigos. São eles: **o**, **a**, **um** e **uma**. Os artigos são palavras que precedem os substantivos. Essa classe de palavras modifica o sentido dos substantivos, definindo ou os indefinindo. A relação entre essas duas classes de palavras é tão forte que os artigos são capazes de transformar palavras de outras classes em substantivos. É o que podemos observar na frase **Um não pode magoar**, em que a palavra **não** se tornou um substantivo por causa do artigo **um**. É por isso que alguns gramáticos chamam essa classe de *marco de classe.*

Os artigos servem principalmente para *generalizar* ou *particularizar* o sentido dos substantivos. Para entender melhor o emprego dos artigos, imagine a seguinte situação: um aluno se dirige ao professor dizendo: "**Professor, encontrei um livro embaixo da mesa.**" Nesse caso, o uso do artigo **um** antes do substantivo **livro** indica que o aluno encontrou um livro qualquer entre vários, um livro que ambos desconhecem. A palavra **um**, nessa frase, é um artigo indefinido.

12 PARTE 1 **Palavras, Muitas Palavras...**

Mas, se o aluno disser "**Professor, encontrei o livro embaixo da mesa**", a presença do artigo **o** antes do substantivo **livro** leva-nos a supor que o professor sabe de que livro o aluno está falando. O artigo definido **o** refere-se, assim, a uma informação já conhecida.

Mais uma coisa: os artigos também apresentam variação de *gênero* e *número* de acordo com os substantivos a que estão ligados. Assim, o artigo definido **o** pode variar para **a**, **os** e **as** e o artigo indefinido **um** apresenta as formas **uma**, **uns** e **umas**. Observe:

A aluna obteve ótimo resultado.

O aluno obteve ótimo resultado.

As alunas obtiveram ótimo resultado.

Os alunos obtiveram ótimo resultado.

Assim, de acordo com o critério semântico, os artigos determinam ou indeterminam os substantivos; de acordo com o critério mórfico, variam em gênero e número e, segundo o critério sintático, associam-se sempre ao substantivo, antepondo-se a ele.

Numerais: Conte com Eles

Você já deve ter percebido que também é fácil reconhecer os numerais. Eles formam uma classe especial de palavras que serve para indicar uma *quantidade exata* de pessoas, coisas, ou para mostrar a *ordem* que determinado elemento ocupa em uma sequência ou ainda a *proporção* dos seres.

Observe nas frases abaixo alguns exemplos de numerais:

Havia *nove* vagas para *vinte* candidatos.

José é o *primeiro* aluno da turma.

CAPÍTULO 1 **As Palavras e Suas Classes** 13

Os numerais **nove** e **vinte** indicam a quantidade exata de vagas e candidatos, são os *numerais cardinais*. Já o numeral **primeiro** indica a ordem em uma sequência, por isso é chamado de *numeral ordinal*. Repare que os numerais se referem a substantivos. No caso das frases acima, o numeral **nove** está ligado ao substantivo **vagas**, já o numeral **vinte** se refere a **candidatos** e o numeral **primeiro**, ao substantivo **aluno**.

Existem também os numerais *multiplicativos* e os *fracionários*, que indicam proporção. Os *multiplicativos* representam quantas vezes uma quantidade é multiplicada (**dobro**, **triplo** etc.). Os *fracionários*, por sua vez, indicam em quantas partes uma quantidade é dividida (**metade**, **um terço**, **um quarto** etc.).

Quanto à forma, observamos que os numerais também podem variar (**primeiro/primeira/primeiros**, **dois/duas**). Com exceção do numeral **um**, os cardinais são todos plurais.

Os numerais são, assim, do ponto de vista semântico, as palavras que quantificam os seres em geral ou indicam também ordem ou proporção. Do ponto de vista sintático, acompanham ou substituem o substantivo. Já morficamente, são variáveis.

DICA

Apesar de apresentarem a mesma forma, o artigo indefinido **um** e o numeral **um** apresentam sentidos diferentes. Para não os confundir, siga a dica: se for artigo indefinido, você poderá colocar a palavra **qualquer** depois do substantivo que ele acompanha. Observe o exemplo:

Recebi *um* embrulho pelo correio.

(Recebi *um* embrulho *qualquer* pelo correio.)

Se for numeral, é possível colocar as palavras **apenas** ou **somente** antes de **um** sem alterar o sentido da frase.

***Um* mês foi suficiente para fazer a obra.**

(*Apenas um* mês foi suficiente para fazer a obra.)

Pronomes: Os Reservas dos Substantivos

Os pronomes funcionam, muitas vezes, como reservas dos substantivos, pois podem substituí-los nas frases. Na frase **Meu carro está com problemas, talvez eu o leve à oficina amanhã**, o pronome **o** substitui o substantivo **carro**, evitando assim a repetição dessa palavra. Mas existem também os pronomes que só acompanham os substantivos, acrescentando diferentes sentidos aos substantivos. É o caso do pronome **meu** na frase acima, que dá ideia de posse.

Para compreender melhor a classe dos pronomes, é importante você saber o que são *as pessoas do discurso*. Quando dizemos *pessoas do discurso*, estamos nos referindo a uma das três pessoas envolvidas na comunicação:

a primeira pessoa	aquela que fala **(eu, me, mim, nós, nosso)**
a segunda pessoa	aquela com quem se fala **(tu, você, vós, te, teu)**
a terceira pessoa	aquela de quem se fala **(ele, ela, alguém, aquilo, se, si, seu)**

Todos os pronomes, tanto os que substituem quanto os que acompanham os substantivos, indicam uma das três pessoas do discurso. O pronome meu, por exemplo, é um pronome de 1ª pessoa, pois indica que o carro é da pessoa que fala.

E mais: os pronomes variam em *gênero* (**meu/minha**), *número* (**meu/meus**) e *pessoa* (**meu/teu/seu**). Existem vários tipos de pronomes e você vai os conhecer melhor no Capítulo 9.

Pelo que você pôde perceber, os pronomes são assim definidos de acordo com os diferentes critérios: semanticamente, indicam as pessoas do discurso; do ponto de vista sintático, acompanham ou substituem os substantivos e, do ponto de vista mórfico, variam em gênero, número e pessoa.

Advérbios: Para Todas as Circunstâncias

Bem, os advérbios, basicamente, indicam as *circunstâncias* em que ocorre a ação verbal. *Modo, tempo, lugar, intensidade* são apenas algumas das circunstâncias que os advérbios expressam. Na frase **Ontem o ônibus parou longe**, os advérbios **ontem** e **longe** deixam claro **quando** e **onde** o ônibus parou. São, por isso, classificados como *advérbios de tempo* e *lugar*, respectivamente.

Mas não pense que os advérbios se ligam apenas aos *verbos*; os advérbios de intensidade e os de modo também podem se ligar aos *adjetivos* e a outros *advérbios*. É o que nós percebemos nas frases abaixo:

A língua *mais bonita* do mundo é o português.

Ele fala o português *muito bem*.

Ele ficou *visivelmente contrariado*.

Os advérbios **mais** e **muito**, nos exemplos acima, estão ligados ao adjetivo **bonita** e ao advérbio **bem**, intensificando, reforçando a ideia que essas palavras transmitem. Já o advérbio de modo **visivelmente** modifica o adjetivo **contrariado**.

Outra característica dos advérbios é que são palavras *invariáveis*, ou seja, sua forma não se altera. Veja o que acontece quando passamos a frase abaixo para o plural:

Este livro é *muito* útil./Estes livros são *muito* úteis.

Note que o advérbio **muito**, que intensifica o adjetivo **útil**, permanece *invariável* mesmo quando o adjetivo ao qual ele se refere assume a forma do plural.

Desse modo, os advérbios, do ponto de vista semântico, indicam circunstâncias; na perspectiva sintática, ligam-se a verbos, adjetivos ou outros advérbios e, do ponto de vista mórfico, são invariáveis.

Advérbios: uma classe nada convencional

O grau dos advérbios

Apesar de ser considerado invariável, o advérbio pode apresentar variação de grau. O grau serve para fazermos comparações entre advérbios ou destacarmos ao máximo uma circunstância. Veja como isso acontece:

Grau comparativo	
de igualdade	A mulher ronca *tão* alto *quanto* o marido.
de superioridade	A mulher ronca *mais* alto *que* o marido.
de inferioridade	A mulher ronca *menos* alto *que* o marido.

Grau superlativo	
sintético (é expresso por terminações especiais)	Ele trabalha *pertíssimo* de casa.
analítico (é expresso por um advérbio de intensidade)	Ele trabalha *muito* perto de casa.

LEMBRE-SE

As circunstâncias também podem ser representadas por expressões formadas por duas ou mais palavras. Nesse caso, dizemos que essas expressões apresentam *natureza adverbial*, pois se comportam exatamente como os advérbios. São as chamadas *locuções adverbiais*. Um exemplo de locução adverbial é a expressão **com cuidado** (formada pela preposição **com** + o substantivo **cuidado**) na frase **Abriu o embrulho com cuidado**. Repare que as locuções adverbais têm comportamento idêntico ao dos advérbios. Nesse caso, a locução **com cuidado** está ligada ao verbo (abriu), indicando circunstância de *modo*.

CAPÍTULO 1 As Palavras e Suas Classes

Tempo, lugar, modo: circunstâncias para dar e vender

Como você já sabe, os advérbios e as locuções adverbiais indicam circunstâncias de diferentes tipos. Dê uma olhada na Tabela 1–1 e conheça as principais.

TABELA 1–1   As principais circunstâncias

Circunstância	Exemplo
Assunto	Falaram **sobre política**.
Causa	Ainda se morre **de fome**.
Companhia	Saiu **com os amigos**.
Concessão	Dormiram, **apesar do barulho**.
Conformidade	Fizeram o trabalho **conforme as orientações**.
Dúvida	**Talvez** ela chegue hoje.
Fim	Estudou **para a prova**.
Instrumento	Escrevia **com lápis**.
Intensidade	O dia estava **muito frio**.
Lugar	Moro **aqui**.
Modo	Ele canta **bem**.
Tempo	**Sempre** sorria.
Afirmação	**Realmente** voltarão.

Conjunções e Preposições: Fique Ligado Nelas

O papel principal das *conjunções* e *preposições* é ligar, isto é, relacionar dois elementos, indicando diferentes relações de sentido. Repare nas frases abaixo:

Sua vida é modesta, *mas* **nada lhe falta.**

Viajará *com* **a família amanhã.**

Na primeira frase, a palavra **mas** é uma *conjunção* que liga a oração **Sua vida é modesta** à oração **nada lhe falta**, indicando a ideia de oposição, de contraste. Já na segunda oração, a preposição **com** liga o verbo **viajar** ao termo **família**, dando a ideia de companhia.

Tanto as *conjunções* como as *preposições* são *invariáveis*, isto é, não variam em gênero (feminino ou masculino) e número (singular e plural).

As preposições da língua portuguesa são:

a — ante — após — até — com — contra — de — desde — em — entre — para — perante — por — sem — sob — sobre — trás.

Às vezes, conjuntos de palavras podem funcionar como preposições. Esses conjuntos, que sempre terminam por preposições, são chamados de *locuções prepositivas*. Na frase: **O livro está em cima da mesa**, a expressão **em cima de** funciona como preposição, pois equivale à preposição **sobre**; logo, essa expressão é uma *locução prepositiva*.

As conjunções são em maior número que as preposições e você vai as conhecer no Capítulo 12, em que trataremos dos períodos compostos por coordenação e subordinação. Até lá!

CAPÍTULO 1 **As Palavras e Suas Classes** 19

Interjeições: Oba!

Com as interjeições, chega ao fim a lista de classes de palavras. E, como você pode ver pelo título acima, as *interjeições* são as palavras que expressam *emoções*, *apelos*, *sensações* e *estados de espírito*.

As interjeições são invariáveis e podem ser formadas por uma só palavra (**Opa! Viva! Oh!**) ou por grupos de duas ou mais palavras (**Quem me dera! Cruz-credo!**). O valor de uma interjeição, ou seja, a ideia que ela transmite (**alegria**, **admiração**, **medo** etc.) depende diretamente do contexto e da entonação.

Palavras Denotativas: O Patinho Feio das Classes de Palavras

É isso mesmo que você acabou de ler: existem algumas palavras e até expressões que são verdadeiros patinhos feios da classificação gramatical, pois não se enquadram entre as dez classes de palavras tradicionalmente conhecidas. Essas palavras recebem o nome de palavras denotativas e podem expressar as seguintes ideias:

indicação	eis	***Eis* os autores premiados.**
inclusão	também, até, inclusive	**Eu quero ir *também*.**
exclusão	exceto, salvo, menos, apenas, só, senão, sequer	**Todos desistiram, *menos* ela.**
realce	é que, só, ainda, apenas, sobretudo	**José *é que* recebeu o prêmio.**
explicação	aliás, ou melhor, ou seja, isto é, ou antes	**Ele, *aliás*, eles chegaram atrasados.**
situação	então, afinal, agora, mas	***Mas* o que realmente aconteceu?**
explanação	por exemplo, a saber	**Os alunos, *por exemplo*, saíram-se muito bem.**

CUIDADO

Repare que alguns dos vocábulos listados acima, como **agora** e **menos**, por exemplo, costumam se enquadrar na classe dos advérbios; contudo, serão classificados como palavras denotativas se seu comportamento não se assemelhar ao dos advérbios.

PARTE 1 **Palavras, Muitas Palavras...**

> **NESTE CAPÍTULO**
>
> » Descobrindo o que são as classes básicas, dependentes e de ligação
> » Apresentando as classes básicas, dependentes e de ligação
> » Aprendendo a reconhecer as classes de palavras

Capítulo **2**

Classes Básicas, Classes Dependentes e Classes de Ligação

No Capítulo 1, você conheceu as dez classes de palavras e suas principais características. Essas classes podem ser divididas ainda em classes *básicas*, *dependentes* e *de ligação*. A divisão das classes de palavras nesses três grupos ajuda e muito o reconhecimento de cada uma delas nas frases.

Reconhecendo as Classes Básicas, Dependentes e de Ligação

As classes *básicas* são fundamentais para que possamos nos comunicar. São elas: o *substantivo* e o *verbo*. O substantivo nomeia tudo o que existe a nossa volta; a comunicação seria impossível se antes não déssemos nomes às coisas ao nosso redor. Já os verbos indicam ações, estados e fenômenos da natureza. Você vai notar que essas classes também são chamadas de *básicas*, porque outras dependem delas.

Por sua vez, as classes *dependentes* são as que dependem do substantivo e do verbo, isto é, estão sempre ligadas a um deles. As classes que dependem do *substantivo* são *artigo*, *adjetivo*, *numeral* e *pronome*. Como as classes que dependem do substantivo são variáveis, acompanharão o substantivo em gênero e número. Já a classe dependente do *verbo* é o *advérbio*, que, ao contrário das dependentes dos substantivos, é invariável.

As *classes de ligação*, como o nome já diz, são aquelas que servem de ponte, de ligação entre as palavras. É o caso das *conjunções* e das *preposições*.

As *interjeições* não se enquadram em nenhum desses grupos. Formam uma classe independente.

DICA

Para identificar se determinada palavra é dependente do substantivo ou do verbo, coloque o substantivo e/ou verbo no plural. Se a palavra variar, é dependente do substantivo. E, vale repetir, só poderá ser classificada como *artigo*, *adjetivo*, *numeral* ou *pronome*. Se a palavra, ao contrário, permanecer invariável, será um *advérbio*. Veja:

O menino chegou *atrasado.*/**Os meninos chegaram** *atrasados.*

O menino chegou *cedo.*/**Os meninos chegaram** *cedo.*

A palavra atrasado é um *adjetivo*, pois depende do substantivo. Uma prova disso é que também passou para o plural quando o substantivo variou. Já a palavra **cedo** é um advérbio, pois depende do verbo. Repare que, além de acrescentar uma ideia de tempo ao verbo, ela não sofreu alteração na sua forma, ou seja, permaneceu invariável, mesmo quando o verbo foi para o plural.

As Figuras 2-1, 2-2 e 2-3 vão ajudar você a visualizar bem as classes básicas e dependentes e, melhor ainda, a reconhecer cada uma delas.

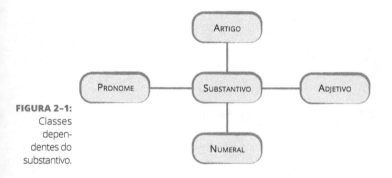

FIGURA 2-1: Classes dependentes do substantivo.

Note como fica fácil reconhecer as classes gramaticais na frase **Comprei esta excelente gramática portuguesa** quando se tem em mente o esquema das classes básicas e dependentes. A palavra **gramática** é um *substantivo*, pois nomeia um objeto. Ligadas a esse substantivo, estão as palavras **esta**, **excelente**, **portuguesa**. Você pode estar se perguntando como vai descobrir que uma palavra é dependente do substantivo.

Primeiro, dá para perceber que as classes dependentes acrescentam um novo sentido ao substantivo. Na frase acima, não se fala de qualquer gramática, é **esta** gramática; além disso, ela é **portuguesa** e

excelente. Em segundo, as dependentes do substantivo variam com ele em *gênero* (feminino e masculino) e *número* (singular e plural). Olhe só: se colocarmos o substantivo **gramática** no plural, os dependentes desse substantivo também vão para o plural (**Comprei estas excelentes gramáticas portuguesas**).

Assim, na frase **Comprei esta excelente gramática portuguesa**, a expressão: **esta excelente gramática portuguesa** fica representada da maneira como mostra a Figura 2–2:

FIGURA 2–2: Analisando a expressão "esta excelente gramática portuguesa".

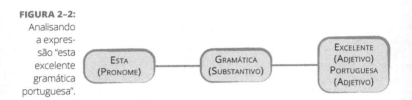

Classe dependente do verbo

FIGURA 2–3: Classe dependente do verbo.

Repare agora na frase: **Choveu muito ontem**. As palavras **muito** e **ontem** são advérbios, pois indicam *circunstâncias* (*intensidade* e *tempo*) em relação ao verbo **chover**. O advérbio é a classe dependente do verbo. Ao contrário das classes dependentes do substantivo, os advérbios são invariáveis, isto é, não variam nem em gênero, nem em número. A frase fica assim representada na Figura 2–4:

FIGURA 2-4: Analisando a frase "Choveu muito ontem".

CUIDADO

Para classificar uma palavra, é importante que você observe simultaneamente o *sentido*, a *forma* (se ela é variável ou não) e a *função* que desempenha (a que outra palavra está ligada).

PARTE 1 **Palavras, Muitas Palavras...**

NESTE CAPÍTULO

» **Definindo o verbo**

» **Entendendo as flexões verbais**

» **Conhecendo as conjugações do verbo**

» **Apresentando os modos e os tempos verbais**

» **Aprendendo a usar os tempos do verbo**

Capítulo **3**

Soltando o Verbo

S e você é daqueles que acham que o português é uma das línguas mais difíceis do mundo e que são os verbos os grandes responsáveis por essa fama, este capítulo é perfeito para você, pois foi escrito para ajudá-lo a compreender o mecanismo dos verbos em português.

Para entender como funcionam os verbos, é preciso conhecer antes alguns conceitos, como: *conjugação*, *flexão verbal*, *formas nominais*, entre outros.

Mas não se desespere, todos esses conceitos vão fazer com que você consiga não só conjugar os verbos em diferentes tempos e modos, mas também usar o tempo certo para comunicar a ideia que tem em mente.

Os Modos do Verbo: Certeza, Dúvida ou Ordem?

Você já deve ter ouvido falar dos modos do verbo: *indicativo*, *subjuntivo* e *imperativo*. Mas qual é a utilidade deles? Na verdade, os modos servem para indicar a nossa atitude em relação aos fatos que apresentamos. As atitudes podem ser de *certeza*, *dúvida* ou *ordem*.

Os Tempos Verbais: Passado, Presente ou Futuro?

Os tempos verbais servem para indicar o momento em que a ação acontece. Os três tempos básicos dos verbos são o *presente*, o *passado* (ou *pretérito*) e o *futuro*. O presente mostra que uma ação está ocorrendo no exato momento em que se fala ou escreve. O pretérito indica que a ação já ocorreu. O futuro, por sua vez, mostra que ação vai ocorrer após o momento em que se fala ou escreve.

Mas, às vezes, só esses tempos não são suficientes para expressar exatamente aquilo que queremos dizer. Por exemplo, se eu quero dizer que pratiquei uma ação ontem e essa ação se encerrou ontem mesmo, emprego o verbo no passado: **Eu andei de bicicleta**. Mas se quero dizer que eu fazia isso constantemente no passado, vou usar outro tempo, o chamado *pretérito imperfeito*: **Eu andava de bicicleta quando criança.**

Para dar conta de todas essas possibilidades de sentido, os tempos do passado e do futuro se dividem tanto no modo indicativo quanto no subjuntivo.

Modo indicativo

Presente	Pretérito	Futuro
(estudo)	perfeito (estudei)	do presente (estudarei)
	imperfeito (estudava)	do pretérito (estudaria)
	mais-que-perfeito (estudara)	

Modo subjuntivo

Presente	Pretérito	Futuro
(estude)	imperfeito (estudasse)	do presente (estudar)

Número e Pessoa: Singular ou Plural, 1ª, 2ª ou 3ª?

Você deve estar se perguntando que pessoas são essas. Na verdade, as três pessoas do verbo são aquelas envolvidas no momento da comunicação: a *1ª pessoa* é aquela que fala (**eu**); a *2ª pessoa* representa com quem nós falamos (**tu**) e a *3ª pessoa* é aquela de quem falamos (**ele**). Essas pessoas podem estar no singular ou no plural. Assim, no plural, a *1ª pessoa* é representada pelo pronome **nós**; a *2ª*, pelo pronome **vós** e a *3ª*, pela forma **eles**.

Conjugações dos Verbos: –Ar, –Er e –Ir

Mas o que quer dizer conjugação? A palavra *conjugação* vem do verbo conjugar e *conjugar* um verbo significa flexioná-lo em *modo*, *tempo*, *pessoa* e *número*. O conjunto de todas essas flexões é chamado de *conjugação*.

Os verbos da língua portuguesa pertencem a três conjugações. E é a terminação dos verbos que nos permite reconhecê-las. Os verbos terminados em **-ar** pertencem à *1ª conjugação*; os terminados em **-er**, à *2ª conjugação* e aqueles que terminam em **-ir** compõem a *3ª conjugação*. Assim, o verbo **cantar** pertence à *1ª conjugação*, a forma verbal **vender**, à *2ª conjugação* e **partir**, à *3ª conjugação*.

CUIDADO

O verbo **pôr** pertence à *2ª conjugação*, pois, na sua evolução histórica, perdeu a vogal **e**, que caracteriza a *2ª conjugação*. A forma original do verbo era **poer**. Mas observe que interessante: essa vogal aparece em algumas formas atuais, como se pode notar em **puseste** (pus-E-ste), **pusera** (pus-E-ra), **pusesse** (pus-E-sse) etc. Os verbos derivados de pôr, como **compor**, **repor**, **supor**, entre outros, também pertencem à *2ª conjugação*.

As Marcas dos Tempos e Modos Verbais

É isso mesmo, os verbos carregam marcas que nos ajudam a identificar o tempo e o modo em que estão. Essas marcas aparecem, normalmente, na terminação dos verbos. Tais terminações recebem o nome de *desinências modo-temporais* e funcionam como uma pista para você identificar tanto o *modo* quanto o *tempo* em que está a forma verbal. Conhecer as terminações que caracterizam cada tempo verbal vai ajudar você a conjugar corretamente os verbos.

Modo indicativo, com certeza

Agora você vai conhecer as desinências temporais dos tempos do modo indicativo. Fique de olho na Tabela 3–1:

TABELA 3–1   Desinências modo-temporais do indicativo

Tempo	Marca do tempo	Exemplos
Pretérito imperfeito 1ª conjugação	va/ve	cantava, cantavas, cantava, cantávamos, cantáveis, cantavam
Pretérito imperfeito 2ª e 3ª conjugações	ia/íe	vendia, vendias, vendia, vendíamos, vendíeis, vendiam partia, partias, partia partíamos, partíeis, partiam
Pretérito mais-que-perfeito 1ª, 2ª e 3ª conjugações	ra/re (pronunciado de forma átona)	cantara, cantaras, cantara, cantáramos, cantáreis, cantaram vendera, venderas, vendera, vendêramos, vendêreis, venderam partira, partiras, partira, partíramos, partíreis, partiram

32   PARTE 1 **Palavras, Muitas Palavras...**

Tempo	Marca do tempo	Exemplos
Futuro do presente	ra/re (pronunciado de forma tônica)	cantarei, cantarás, cantará, cantaremos, cantareis, cantarão
		venderei, venderás, venderá, venderemos, vendereis, venderão
		partirei, partirás, partirá, partiremos, partireis, partirão
Futuro do pretérito	ria/rie	cantaria, cantarias, cantaria, cantaríamos, cantaríeis, cantariam
		venderia, venderias, venderia, venderíamos, venderíeis, venderiam

Modo subjuntivo, dúvida cruel

Seguem abaixo na Tabela 3–2 as desinências modo-temporais do subjuntivo.

TABELA 3–2   Desinências modo-temporais do subjuntivo

Tempo	Marca do tempo	Exemplos
Presente 1ª conjugação	e	cante, cantes, cante, cantemos, canteis, cantem
Presente 2ª e 3ª conjugações	a	venda, vendas, venda, vendamos, vendais, vendam
		parta, partas, parta, partamos, partais, partam

(continua)

CAPÍTULO 3 **Soltando o Verbo** 33

(continuação)

Tempo	Marca do tempo	Exemplos
Pretérito imperfeito 1ª, 2ª e 3ª conjugações	sse	cantasse, cantasses, cantasse, cantássemos, cantásseis, cantassem
		vendesse, vendesses, vendesse, vendêssemos, vendêsseis, vendessem
		partisse, partisses, partisse, partíssemos, partísseis, partissem
Futuro	r	cantar, cantares, cantar, cantarmos, cantardes, cantarem
		vender, venderes, vender, vendermos, venderdes, venderem
		partir, partires, partir, partirmos, partirdes, partirem

DICA

Existem algumas palavrinhas que podem o ajudar a conjugar os tempos do modo subjuntivo. São elas: **que**, para o *presente* (que eu cante, que tu cantes...); **se**, para o *imperfeito* (se eu cantasse, se tu cantasses...) e **quando**, para o *futuro* (quando eu cantar, quando tu cantares...).

Modo imperativo, é ele que manda

O modo *imperativo* é aquele modo do verbo que você usa sempre que quer dar uma *ordem* ou fazer um *pedido* de forma bem clara. Existe o imperativo *afirmativo* e o *negativo*. Usar o imperativo não é difícil, pois ele se forma a partir de tempos já conhecidos.

O *imperativo afirmativo* é formado da seguinte maneira:

» A *2ª pessoa do singular* (tu) e a *2ª pessoa do plural* (vós) são retiradas do *presente do indicativo*, mas sem o -s final.

Por exemplo, a 2ª *pessoa do singular* do *presente do indicativo* do verbo cantar é **cantas** e a 2ª *pessoa do plural*, **cantais**; logo, o *imperativo* da 2ª *pessoa do singular* (tu) é **canta** (cantas - s = canta) e da 2ª *pessoa do plural* (vós), **cantai** (cantais - s = cantai).

> » Já a 3ª pessoa do singular (você), a 1ª pessoa do plural (nós) e a 3ª pessoa do plural (vocês) são iguais às mesmas pessoas do presente do subjuntivo: cante (você), cantemos (nós), cantem (vocês).

O *imperativo negativo*, por sua vez:

> » Segue, em todas as pessoas, o *presente do subjuntivo* sem nenhuma alteração: não cantes, não cante, não cantemos, não canteis, não cantem.

CUIDADO

Não existe *1ª pessoa do singular* no *imperativo* porque você não pode dar uma ordem a si mesmo.

A Tabela 3–3 vai ajudar você a entender ainda melhor como se forma o imperativo:

TABELA 3–3   Formando o imperativo

Pessoas	Presente do indicativo	Imperativo afirmativo	Subjuntivo	Imperativo negativo
Tu	cantas - (s) →	canta	cante	→ não cantes
Você		cante ←	cante	→ não cante
Nós		cantemos ←	cantemos	→ não cantemos
Vós	cantais - (s) →	cantai	canteis	→ não canteis
Vocês		cantem ←	cantem	→ não cantem

CAPÍTULO 3 **Soltando o Verbo**

As marcas de número e pessoa dos verbos

Os verbos carregam também marcas que nos mostram o *número* (singular ou plural) e a *pessoa* (1ª, 2ª ou 3ª) em que estão. Essas marcas, chamadas de *desinências número-pessoais*, também aparecem na terminação dos verbos. Vamos conhecê-las na Tabela 3–4:

TABELA 3–4 Marca de número e pessoa nos verbos

Número e pessoa	Marca de número e pessoa	Exemplos
1ª singular	zero	cantava, vendesse, partiria
	i (pretérito perfeito do indicativo e futuro do presente)	cantei, vendi, partirei
	o (presente do indicativo)	canto, vendo, parto
2ª singular	s	cantas, vendesses, partirás
	ste (pretérito perfeito)	cantaste, vendeste, partiste
	es (futuro do subjuntivo)	cantares, venderes, partires
3ª singular	zero	
	u (pretérito perfeito do indicativo)	cantou, vendeu, partiu
1ª plural	mos	cantamos, vendemos, partimos
		cantávamos, vendíamos, partíamos
		cantaremos, venderemos, partiremos

Número e pessoa	Marca de número e pessoa	Exemplos
2ª plural	is	cantaríeis, vendeis, partíeis
	des (futuro do subjuntivo)	cantardes, venderdes, partirdes
	stes (pretérito perfeito)	cantastes, vendestes, partistes
3ª plural	m	cantam, vendiam, partissem
	em	cantarem, venderem, partirem
	ram	cantaram, venderam, partiram

As Formas Nominais dos Verbos

As formas nominais são o *infinitivo*, o *particípio* e o *gerúndio*, e têm as seguintes terminações: **-r** para o infinitivo; **-do** para o particípio e **-ndo** para o gerúndio.

O *infinitivo* (**ler**, por exemplo) é a forma utilizada para dar nome aos verbos, por isso se parece com o *substantivo*. O infinitivo indica a ação em si mesma, sem nenhuma marca de tempo ou de modo. É o que se vê no exemplo **Ler é muito útil**, em que **ler** está no *infinitivo* e indica a ação de ler.

O *particípio* (**lido/lida**) fica parecido com o *adjetivo*, pois, em muitos casos, concorda em gênero e número com o substantivo ao qual está ligado. O particípio pode se referir a um fato passado, presente ou futuro.

Veja as frases:

Lido **o livro, fez a prova**

Lido **o livro, fará a prova.**

Repare que a forma do particípio, **lido**, concorda com o substantivo **livro**. Na primeira frase, está em referência ao passado; na segunda, ao futuro.

CAPÍTULO 3 **Soltando o Verbo** 37

Já o *gerúndio* (**lendo**) indica, geralmente, um processo prolongado ou incompleto. Transmite a ideia de que a ação está acontecendo, uma ideia de duração. Aproxima-se, assim, do *advérbio*.

É o que se vê no exemplo **Fazia as refeições lendo o livro**. A forma **lendo** está no *gerúndio*, indicando que a ação de ler está acontecendo ao mesmo tempo em que a ação de **fazer** as refeições se desenrola.

CUIDADO

O *infinitivo* pode ser impessoal ou pessoal. Como o nome já diz, o *infinitivo impessoal* não se refere a nenhuma pessoa, ou seja, não está relacionado a um ser em especial. Por exemplo, na frase **Ler é um excelente hábito**, o verbo **ler** não faz referência a uma pessoa determinada. Já o infinitivo pessoal se liga a uma pessoa em especial. Você pode perceber isso na frase **O professor trouxe estes livros para nós lermos**. **Lermos**, nesse exemplo, está se referindo à 1ª pessoa do plural, **nós**, por isso é chamado de infinitivo pessoal. As terminações do infinitivo pessoal são **-es** (2ª pessoa do singular), **-mos** (1ª pessoa do plural), **-des** (2ª pessoa do plural) e **-em** (3ª pessoa do plural); na 1ª e na 3ª pessoa do singular não existem marcas, assim como apresenta a Tabela 3–5.

TABELA 3–5 Desinências número-pessoais do infinitivo pessoal

Número e pessoa	Infinitivo pessoal
1ª pessoa singular	ler
2ª pessoa singular	leres
3ª pessoa singular	ler
1ª pessoa plural	lermos
2ª pessoa plural	lerdes
3ª pessoa plural	lerem

De Pedacinho em Pedacinho:
A Estrutura dos Verbos

Você já reparou que os verbos são formados por partes menores? Esses pedacinhos compõem sua estrutura. Cada uma dessas partes carrega um tipo de informação sobre o verbo, ou seja, cada uma é responsável por um detalhe que seja da significação da forma verbal. Essas unidades mínimas de significado são chamadas de *morfemas*. Conheça agora alguns desses morfemas: o *radical*, a *vogal temática* e as *desinências*.

O *radical* é a *base* do verbo, pois indica seu significado. Para identificar o radical, é só você retirar as terminações **-ar**, **-er** ou **-ir** do infinitivo. Por exemplo, no verbo **cantar**, o radical é **cant-**, que aparece em outras palavras também, como **cant**or, **cant**oria etc.

Além do radical, existe também a *vogal temática*, que liga o radical às desinências. No caso dos verbos, a vogal temática indica a *conjugação do verbo* (1ª, 2ª ou 3ª). No caso do verbo **cantar**, a vogal temática é o **a** (cant**a**r).

Há ainda as *desinências*, que servem para indicar o *tempo*, o *modo*, o *número* e a *pessoa* do verbo. A forma verbal **cantássemos**, por exemplo, tem como desinências: **-sse** e **-mos**. A desinência **-sse** indica o *tempo* (pretérito imperfeito) e o *modo* (subjuntivo), por isso é chamada de *desinência modo-temporal*. Outra desinência que aparece nessa forma verbal é a desinência **-mos**, que mostra que a forma verbal está na 1ª pessoa do plural; por esse motivo essa desinência recebe o nome de *desinência número-pessoal*.

Verbos para Todos os Gostos:
A Classificação dos Verbos

Agora que você já conhece as *flexões*, as *conjugações* e a *estrutura dos verbos*, veja outras características que o ajudarão a empregá-los com mais facilidade.

CAPÍTULO 3 **Soltando o Verbo** 39

Verbos regulares e irregulares

Existem verbos *regulares* e *irregulares*, ou seja, há verbos que seguem um padrão e verbos que fogem a ele. E, é claro, você já deve ter notado que aqueles que seguem um padrão são mais fáceis de conjugar.

O verbo **cantar**, por exemplo, é um *verbo regular*, pois sua base (ou radical) **cant-** não se modifica quando o verbo é conjugado (eu **cant-**o, tu **cant-**as, ele **cant-**a, nós **cant-**amos, vós **cant-**ais, eles **cant-**am) e também suas terminações seguem o modelo da sua conjugação, ou seja, a 1ª conjugação.

Já o verbo **ouvir** é um *verbo irregular*, pois seu radical, **ouv-**, altera-se logo na primeira pessoa do singular do presente do indicativo para **ouç-** (eu ouço). O verbo **estar** também é irregular, mas a irregularidade está na terminação. Você pode perceber essa irregularidade logo na primeira pessoa do singular do presente do indicativo. Nos verbos da 1ª conjugação (**amar**, **brincar**, **estudar** etc.), a terminação da 1ª pessoa do presente do indicativo normalmente é **-o** (am-**o**, brinc-**o**, estud-**o**), mas o verbo **estar** apresenta a terminação **-ou** para a 1ª pessoa do singular do presente do indicativo (est-**ou**).

Há também verbos que apresentam alterações ainda mais profundas que os *verbos irregulares*. É, é isso mesmo que você está pensando: há verbos piores ainda de se conjugar que os irregulares. Mas fique tranquilo, eles são poucos. São os chamados verbos *anômalos*, que, ao serem conjugados, apresentam mais de um radical, ou seja, mais de uma base. É o caso dos verbos **ir** e **ser**. Note como o radical desses verbos se altera de um tempo para outro:

Verbo ir

Presente do indicativo	vou, vais, vai, vamos, ides, vão
Pretérito perfeito	fui, foste, foi, fomos, fostes, foram
Pretérito imperfeito do indicativo	ia, ias, ia, íamos, íeis, iam

Verbo ser

Presente do indicativo	sou, és, é, somos, sois, são
Pretérito perfeito	fui, foste, foi, fomos, fostes, foram
Pretérito imperfeito do indicativo	era, eras, era, éramos, éreis, eram

Tempos Compostos

Até o momento tratamos dos tempos verbais simples, isto é, aqueles formados por uma só forma verbal. Agora, você vai conhecer os tempos compostos. Os *tempos compostos* são locuções verbais formadas pelos verbos auxiliares **ter** e **haver** mais o *particípio* do verbo principal. Na frase abaixo, a locução verbal **tinha saído** é um tempo composto.

Eu já *tinha saído* de casa quando começou a chover

Existem os tempos compostos do modo indicativo e do modo subjuntivo, assim como é apresentado nas Tabelas 3−6 e 3−7.

TABELA 3–6 Tempos compostos do indicativo

Tempo	Auxiliar ter ou haver	Particípio do verbo principal
Pretérito perfeito composto	tenho/hei	cantado
Pretérito mais-que-perfeito composto	tinha/havia	cantado
Futuro do presente composto	terei/haverei	cantado
Futuro do pretérito composto	teria/haveria	cantado

TABELA 3–7 Tempos compostos do subjuntivo

Tempo	Auxiliar ter ou haver	Particípio do verbo principal
Pretérito perfeito composto	tenha/haja	cantado
Pretérito mais-que-perfeito composto	tivesse/houvesse	cantado
Futuro composto	tiver/houver	cantado

Verbos Terminados em -Ear e -Iar

De modo geral, os verbos terminados em **-ear** são conjugados como o verbo **passear**. Assim, verbos como **cear**, **pentear**, **recear**, **falsear**, **frear**, **semear** etc. vão seguir o modelo do verbo **passear**. Por exemplo, **Eu passeei ontem**, **Eu ceei**, **Eu freei bruscamente**.

Indicativo

Presente	passeio, passeias, passeia, passeamos, passeais, passeiam
Pretérito imperfeito	passeava, passeavas, passeava, passeávamos, passeáveis, passeavam
Pretérito perfeito	passeei, passeaste, passeou, passeamos, passeastes, passearam
Mais-que-perfeito	passeara, passearas, passeara, passeáramos, passeáreis, passearam
Futuro do presente	passearei, passearás, passeará, passearemos, passeareis, passearão
Futuro do pretérito	passearia, passearias, passearia, passearíamos, passearíeis, passeariam

42 PARTE 1 **Palavras, Muitas Palavras...**

Subjuntivo

Presente	passeie, passeies, passeie, passeemos, passeeis, passeiem
Pretérito imperfeito	passeasse, passeasses, passeasse, passeássemos, passeásseis, passeassem
Futuro	passear, passeares, passear, passearmos, passeardes, passearem

Já verbos terminados em **–iar** seguem o modelo do verbo **anunciar**. Assim, a maioria dos verbos com essa terminação, como **abreviar**, **acariciar**, **adiar**, **afiar**, **alumiar**, **apreciar**, **criar**, **confiar**, **copiar**, **caluniar**, **injuriar** etc., segue o exemplo a seguir:

Indicativo

Presente	anuncio, anuncias, anuncia, anunciamos, anunciais, anunciam
Pretérito imperfeito	anunciava, anunciavas, anunciava, anunciávamos, anunciáveis, anunciavam
Pretérito perfeito	anunciei, anunciaste, anunciou, anunciamos, anunciastes, anunciaram
Mais-que-perfeito	anunciara, anunciaras, anunciara, anunciáramos, anunciáreis, anunciaram
Futuro do presente	anunciarei, anunciarás, anunciará, anunciaremos, anunciareis, anunciarão
Futuro do pretérito	anunciaria, anunciarias, anunciaria, anunciaríamos, anunciaríeis, anunciariam

44   PARTE 1 Palavras, Muitas Palavras...

NESTE CAPÍTULO

» Definindo os substantivos

» Classificando os substantivos e os adjetivos

» Aprendendo a flexionar substantivos e adjetivos

Capítulo **4**

Substantivo, Esse É o Nome

Você já aprendeu um pouco sobre os *substantivos* no Capítulo 1. Agora, vai saber um pouco mais sobre essa classe. Conhecer os *substantivos* é importante para que você possa se comunicar com clareza e corretamente, pois, antes de nos comunicarmos, precisamos dar nomes a tudo aquilo que nos cerca, ou seja, aos seres em geral. E é exatamente isso que os *substantivos* fazem, eles nomeiam tudo o que existe a nossa volta: pessoas, lugares, objetos, indivíduos etc.

Classificando os Substantivos

Os substantivos podem ser classificados de acordo com o significado que transmitem e também de acordo com sua forma. Quanto ao significado, podem ser *concretos* ou *abstratos*, *próprios* ou *comuns* e também *coletivos*. Já quanto à forma, dividem-se em *simples* ou *compostos* e *primitivos* ou *derivados*.

Substantivos concretos são aqueles que você pode pegar? Será que é isso mesmo? Com certeza, você já ouviu essa definição por aí, mas ela não é a mais adequada, pois muitos substantivos concretos não podem ser tocados. Na verdade, *substantivos concretos* são aqueles que nomeiam seres animados ou inanimados, reais ou criados pela nossa imaginação, mas que estão no mundo como *seres independentes*. As palavras **mesa**, **cachorro**, **Brasil**, **vento**, **alma**, **estrela** são exemplos de *substantivos concretos.*

Já os *substantivos abstratos* são aqueles que nomeiam ações, estados, qualidades e sentimentos. Por exemplo, o nome da ação **fugir** é **fuga**; logo, a palavra **fuga** é um *substantivo abstrato*. **Alegria** (nome da qualidade alegre), **atenção** (nome do estado atento) e **amor** (nome do sentimento) também são *substantivos abstratos.*

Próprios e *comuns* são outras classificações dos substantivos. O seu nome de batismo, por exemplo, é um *substantivo próprio*, pois ele nomeia um indivíduo em particular, você. Também são substantivos próprios os nomes de países, estados, cidades e planetas, pois se referem a um ser em particular. Os substantivos comuns, por outro lado, são aqueles que se referem a qualquer ser de uma espécie, sem particularizar ou individualizá-lo. **Livro**, **rio**, **montanha**, **animal** e **criança** são exemplos de substantivos comuns.

Os *substantivos coletivos*, por sua vez, nomeiam conjuntos de seres de uma mesma espécie. É o caso, por exemplo, dos substantivos **pelotão**, que representa um conjunto de soldados; **multidão**, um conjunto de pessoas; **cáfila**, de camelos; **flora**, de vegetais de uma região, entre muitos outros.

Já quanto à forma, você, com certeza, já percebeu que existem substantivos formados por apenas um elemento (ou radical), os *substantivos simples*, e substantivos formados por mais de um elemento, os *substantivos compostos*. O substantivo **chuva** é simples, está formado por apenas um elemento; o substantivo **guarda-chuva**, por outro lado, por dois elementos, **guarda** e **chuva**, então é um substantivo composto.

Mas, preste atenção: nem sempre os *substantivos compostos* apresentam seus elementos ligados por hífen. Os substantivos **pontapé (ponta + pé)**, **girassol (gira + sol)**, **passatempo (passa + tempo)**, apesar de não apresentarem hífen, são compostos, pois têm dois elementos em sua estrutura.

Ainda em relação à forma, também fica fácil notar que certos substantivos são formados a partir de outras palavras que já existem na língua. Por exemplo, o substantivo **folhagem** deriva do substantivo **folha**, por isso é chamado de substantivo *derivado*. Os substantivos que não se originam de nenhuma outra palavra da língua são *primitivos*; ou seja, no caso acima, **folha** é um substantivo primitivo.

Flexionando os Substantivos

Você viu no Capítulo 1 que os substantivos são uma classe variável em *gênero* e *número*, isto é, variam do *masculino* (**menino**) para o *feminino* (**menina**) e do *singular* (**menino**) para o *plural* (**meninos**). E é exatamente isso que você vai ver agora: como indicar o gênero e o número dos substantivos.

Feminino ou masculino? O gênero dos substantivos

Só para lembrar: o gênero é a marca gramatical que distribui os nomes em dois grandes grupos: nomes *masculinos* (**caderno**, **sol**, **dia**, **lápis**, **coelho**, **brilho**) e nomes *femininos* (**casa**, **lua**, **vaca**, **bermuda**, **fumaça**, **claridade**). São masculinos os substantivos aos quais podemos antepor o artigo **o**; são femininos os substantivos aos quais podemos antepor o artigo **a**.

CAPÍTULO 4 **Substantivo, Esse É o Nome** 47

Todos os substantivos pertencem a um gênero. Para conhecer o gênero de um substantivo, basta consultar o dicionário. Veja, por exemplo, o verbete do substantivo **alface**:

alface — S.f. Bot. Planta hortense, da família das compostas (Lactuca sativa), usada geralmente para salada.

Repare que, antes da definição, aparece a abreviatura *S.f.*, que significa *substantivo feminino*.

Passando para o feminino

Você já deve ter percebido que a regra para formar o *feminino* dos substantivos terminados em **-o** é a seguinte: basta você trocar o **-o** por **-a**. É o caso de substantivos como **gato**, **aluno** e **menino**, que, no feminino, ficam **gata**, **aluna** e **menina**. Muito fácil, não é?

Já nos substantivos terminados em **-or**, basta acrescentar o **-a** ao *masculino*. Assim, **professor** vira **professora**. Nos substantivos terminados em **-e**, troca-se o **-e** por **-a**; logo, o feminino de **monge** é **monja**. Mas, se o substantivo termina em **-ês**, **-l** ou **-z**, é só você acrescentar o **a** ao *masculino*, como acontece em **freguês/freguesa**, **marechal/marechala** e **juiz/juíza**, por exemplo.

Os substantivos terminados em **-ão** podem formar o *feminino* de três maneiras: mudando de **-ão** para **-oa** (patr**ão**/patr**oa**); de **-ão** para **ã** (campe**ão**/campe**ã**) ou trocando **-ão** por **-ona** (comil**ão**/comil**ona**).

Muitos *femininos* são marcados pelas terminações **-isa**, **-esa** ou **-essa**: poeta/poet**isa**; cônsul/consul**esa**; conde/cond**essa**.

CUIDADO

Nem sempre a formação do *feminino* segue à risca as regras acima. Por exemplo, os substantivos **ator** e **imperador** terminam em **-or**, mas o feminino se faz com a terminação **-triz (atriz e imperatriz)**. Também há muitos substantivos que formam o *feminino* através de terminações bem variadas: **maestro/ maestrina**; **judeu/judia**; **herói/heroína**; **réu/ré**; **galo/galinha**; **avô/avó**.

Substantivos que não mudam de forma

Você já deve ter notado que alguns substantivos não têm nenhuma marca para diferenciar o masculino do feminino, ou seja, a mesma forma do substantivo é usada tanto para o masculino quanto para o feminino. É o que acontece com os substantivos: **estudante**, **pianista**, **indígena** etc. Nesses casos, para fazer a diferença entre o masculino e o feminino, você deve observar o artigo: **o** estudante/**a** estudante. Esses substantivos são chamados de *comuns de dois gêneros*.

E ainda há outro caso interessante: são os substantivos que apresentam um só gênero, mas podem se referir a pessoas do sexo masculino ou feminino. A palavra **vítima**, por exemplo, é feminina, pois nós dizemos **a vítima**, mas essa palavra pode se referir a uma pessoa do sexo masculino ou feminino. O mesmo acontece com as palavras **testemunha**, **pessoa**, **criança**, **criatura**, entre outras. Esses substantivos recebem o nome de *sobrecomuns*.

Substantivos que mudam totalmente de forma

Alguns substantivos apresentam duas formas totalmente diferentes para o masculino e para o feminino. É o caso dos substantivos **genro/nora**; **homem/mulher**; **pai/mãe**; **padrinho/madrinha**; **boi/vaca**, entre outros. Esses substantivos são chamados de *heterônimos*.

CUIDADO

Alguns substantivos quando mudam de gênero mudam também de sentido. Isso acontece com os substantivos **cabeça** e **capital**. Se você usa o substantivo **cabeça** no masculino, **o cabeça**, a palavra passa a significar **líder**, **chefe**, e não mais uma parte do corpo. É o que acontece na frase: **Ele é o cabeça do grupo**. A mudança de sentido também ocorre com o substantivo **capital**, que, no masculino, significa **dinheiro** e, no feminino, indica a cidade principal de um país.

CAPÍTULO 4 **Substantivo, Esse É o Nome**

Singular ou plural? O número dos substantivos

O número é essa marca que divide os nomes em *singular* (**livro**) e *plural* (**livros**). Quando o substantivo está no *singular*, ele se refere a um único ser (**peixe**) ou a um único conjunto de seres (**cardume**). Já no *plural*, os substantivos se referem a mais de um ser (**peixes**) ou a mais de um desses conjuntos (**cardumes**).

Você, com certeza, já percebeu que para formar o *plural* em português basta acrescentar o **-s** no final da palavra. Logo, o *plural* de **casa** é **casas**. Podemos dizer que essa é a regra geral da flexão de número.

Fácil, não é? Mas, infelizmente, nem tudo o que diz respeito ao *plural* é tão simples assim. Às vezes, não basta simplesmente acrescentar o **-s**. Em alguns casos, o acréscimo do -s provoca alterações para atender às características do português.

Mas não se desespere, a Tabela 4–1 dá algumas dicas de como formar o plural dos substantivos:

TABELA 4–1   O plural dos substantivos

Substantivos terminados em	Como fazer o plural	Exemplos
vogal ou ditongo	acrescentar o -s	livro/livros
		rei/reis
ditongo ãe	acrescentar o -s	mãe/mães
al, el, ol e ul	trocar o l por is	canal/canais
		pastel/pastéis
		anzol/anzóis
		paul/pauis

50   PARTE 1 **Palavras, Muitas Palavras...**

il (em palavras oxítonas)	trocar o l por s	barril/barris funil/funis
il (em palavras paroxítonas)	trocar o il por eis	projétil/projéteis fóssil/fósseis
r, z	acrescentar es	mulher/mulheres gravidez/gravidezes
s (em palavras paroxítonas ou proparoxítonas)	não há variação	o lápis/os lápis o pires/os pires o ônibus/os ônibus
s (em palavras oxítonas ou monossílabos)	acrescentar es	país/países inglês/ingleses mês/meses
m	trocar o m por ns	homem/homens jovem/jovens
n	acrescentar o s	hífen/hifens pólen/polens
x (em palavras paroxítonas)	não há plural	o tórax/os tórax
x (em palavras oxítonas ou monossílabos)	o plural é opcional	o fax/os faxes ou o fax/os fax

CUIDADO Se você não lembra o que é um ditongo ou o que são palavras monossílabas, oxítonas, paroxítonas, proparoxítonas, pule para a Parte 5, Capítulo 20. Lá você encontra maiores explicações sobre esse assunto.

CAPÍTULO 4 **Substantivo, Esse É o Nome** 51

Corrimões ou corrimãos?

Você, com certeza, já deve ter ficado em dúvida sobre o *plural* de um substantivo terminado em **-ão**. Será que o *plural* de **corrimão** é **corrimões** ou **corrimãos**? No caso do substantivo **corrimão**, as duas formas são possíveis, mas o *plural* dos nomes terminados em **-ão** é um assunto delicado mesmo, pois esses substantivos podem se flexionar de três maneiras: **-ões, -ães** e **-ãos**. Além disso, existe muita decoreba nessa história. A seguir, estão algumas dicas que podem ajudar você.

» A maioria dos substantivos terminados em -ão faz o *plural* com a terminação -ões. É o caso dos substantivos limão/limões, folião/foliões, leão/leões etc.

» Os substantivos aumentativos também fazem o *plural* em -ões. Por exemplo, o plural de casarão é casarões.

» Já os substantivos terminados em -ão que forem paroxítonos (aqueles que têm a penúltima sílaba tônica) fazem o *plural* em -ãos, ou seja, basta acrescentar o s à palavra. É o que acontece com os substantivos órfão, órgão e bênção, que têm as seguintes formas no plural: órfãos, órgãos e bênçãos.

» Em relação aos demais substantivos em -ão, indicar o *plural* vai contar muito com sua memória.

Para ajudar você em momentos de dúvida, segue a Tabela 4-2 com alguns substantivos terminados em **-ão** e o *plural* correspondente. Dê uma olhada!

TABELA 4-2   Plural dos substantivos terminados em -ão

Plural em -ães	Plural em -ãos	Mais de uma forma para o plural
alemão/alemães	chão/chãos	anão/anões/anãos
afegão/afegães	cidadão/cidadãos	ancião/anciões/anciães/anciãos
capitão/capitães	cristão/cristãos	charlatão/charlatões/charlatães
catalão/catalães	irmão/irmãos	guardião/guardiões/guardiães
escrivão/escrivães	pagão/pagãos	refrão/refrães/refrãos
tabelião/tabeliães	vão/vãos	verão/verões/verãos
		vilão/vilões/vilães/vilãos

O plural dos substantivos compostos

Você se lembra dos *substantivos compostos*, aqueles formados por mais de um elemento (radical)? Bem, eles merecem de você uma atenção especial ao serem colocados no plural. A primeira coisa que se deve observar é se os elementos que formam o substantivo composto são ligados ou não por hífen, aquele famoso tracinho de união.

Se o *substantivo composto* não for ligado por hífen, o plural segue as mesmas regras do plural dos substantivos simples, que você acabou de conhecer. É o que acontece com o plural dos seguintes *substantivos compostos*: **pontapé/pontapés**; **girassol/girassóis**.

Mas, se os elementos que formam o *substantivo composto* são ligados por hífen, a história é outra. Tudo vai depender dos elementos que formam o composto. A Tabela 4-3 mostra três situações possíveis:

» Quando só o primeiro elemento do composto varia;

» Quando só o último elemento varia;

» Quando os dois variam.

CAPÍTULO 4 **Substantivo, Esse É o Nome**   53

TABELA 4-3 Plural dos substantivos compostos

Só o primeiro elemento varia quando	Só o último elemento varia quando	Os dois elementos variam quando
os elementos são unidos por *preposição*. Ex.: pés de moleque.	o primeiro elemento é verbo ou *palavra invariável*. Ex.: beija-flores; abaixo-assinados.	os dois elementos são *palavras variáveis*. Ex.: sextas-feiras; cachorros-quentes.
o segundo elemento limita ou determina o primeiro, indicando *finalidade, semelhança* ou *tipo*. Ex.: salários-família (salário para a família); peixes-boi (peixe que se parece com o boi); bananas-prata (não é qualquer banana).	os *elementos* do composto são *repetidos*. Ex.: corre-corres.	
	o primeiro elemento é grã, grão e bel. Ex.: grão-mestres; bel-prazeres.	

Plural com mudança de som

É isso mesmo, alguns substantivos, no singular, têm **o** tônico fechado (ô), mas, quando passam para o plural, trocam esse **o** fechado pelo **o** tônico aberto (ó). É o que acontece com substantivos como **osso**, **olho**, **ovo** (que são pronunciados como ôsso, ôlho, ôvo), mas, no plural, são lidos com o **o** aberto (óssos, ólhos, óvos). Esses plurais são chamados de plurais com *metafonia*.

Infelizmente, não existe uma regra que ajude você a saber quando mudar ou não o som. Por isso, quando tiver dúvida na hora de falar a palavra, consulte a listinha da Tabela 4–4.

Repare que, na primeira coluna, o **o** é pronunciado de maneira fechada (ô) no singular e, na segunda, de forma aberta (ó) no plural. Algumas formas soam até estranhas, como o plural de **forno**, que é **fornos** (com o **o** pronunciado de forma aberta, fórnos), e de **troco** (trôco), que é **trocos** (trócos).

TABELA 4–4 Plural com metafonia

Singular (som fechado, ô)	Plural (som aberto, ó)
caroço	caroços
coro	coros
corpo	corpos
desporto	desportos
destroço	destroços
esforço	esforços
fogo	fogos
forno	fornos
imposto	impostos
jogo	jogos
miolo	miolos
poço	poços
porco	porcos
porto	portos

(continua)

(continuação)

posto	postos
povo	povos
reforço	reforços
socorro	socorros
tijolo	tijolos
troco	trocos

Ão ou inho? O grau dos substantivos

Você, provavelmente, não está lembrando o que é o grau dos substantivos ou dos adjetivos; mas, com certeza, ao se referir a um cachorro bem pequeno você já usou a forma **cachorrinho**. É exatamente essa mudança do substantivo **cachorro/cachorrinho** que se chama *variação de grau*.

Nos substantivos, de modo geral, o grau serve para indicar aumento ou diminuição do tamanho, mas o grau pode apresentar também valor afetivo, como no *diminutivo* **mãezinha**, ou ainda transmitir ideia de desprezo, como ocorre no *diminutivo* **gentinha**.

Os graus do substantivo são o *aumentativo* e o *diminutivo*, e são formados de duas maneiras: a *analítica* e a *sintética*. Dê só uma olhada:

» O *aumentativo* e o *diminutivo analíticos* são formados com as palavras grande e pequeno ou qualquer outra de significado parecido. Assim, o *aumentativo analítico* do substantivo casa é casa grande e o diminutivo, casa pequena.

» Já a forma *sintética* é aquela em que o substantivo recebe uma terminação especial, que pode ser -ão, -orra, -zarrão (entre outras) para o *aumentativo*, como acontece nos substantivos casarão, cabeçorra e homenzarrão, ou -inho(a), -zinho(a), -ito(a) para o *diminutivo*, como em casinha, paizinho, papelito.

56   PARTE 1 **Palavras, Muitas Palavras...**

NESTE CAPÍTULO

» Definindo adjetivos

» Classificando adjetivos

» Aprendendo a flexionar adjetivos

Capítulo **5**

Adjetivo, o Par Perfeito do Substantivo

E os *adjetivos*, qual é o papel deles em relação às outras classes de palavras? Como você já viu no Capítulo 2, os *adjetivos* são dependentes do substantivo, são palavras que modificam os substantivos, dando a eles certas características; ou seja, os *adjetivos* dão acabamento aos substantivos. Eles formam um par perfeito. Na verdade, os *adjetivos* fazem com que o sentido dos substantivos fique mais **exato**, **detalhado** e **bem-acabado** (quantos adjetivos, hein?!). Além disso, os *adjetivos* têm um comportamento parecido com o dos substantivos. Isso quer dizer que eles também variam em gênero e número.

Classificando os Adjetivos

Para começar, os adjetivos, quanto a sua forma, têm as mesmas classificações dos substantivos, ou seja, podem ser classificados em *primitivos* ou *derivados* e *simples* ou *compostos*. O adjetivo **azul** é *primitivo*, já o adjetivo **azulado** é *derivado*, pois é formado a partir da palavra **azul**. Os adjetivos também podem ser formados por dois ou mais elementos, ligados ou não pelo hífen. É o caso dos adjetivos **azul-marinho** e **socioeconômico**.

Além desses tipos, existe um tipo de adjetivo que se refere aos países, estados, cidades, regiões e localidades, são os chamados *adjetivos pátrios*. Por exemplo, você sabe o que significa **soteropolitano**? **Soteropolitano** é justamente um adjetivo pátrio. Portanto, se seu vizinho disser: **Sou soteropolitano**, não estranhe, ele só está querendo dizer que nasceu na cidade de Salvador. **Florianopolitano**, **manauense** e **belenense** também são adjetivos pátrios, que se referem a Florianópolis, Manaus e Belém, respectivamente.

Flexionando os Adjetivos

Os *adjetivos*, da mesma forma que os substantivos, são uma classe variável em gênero (feminino/masculino) e número (singular e plural). E é exatamente isso que vai ser apresentado agora: como indicar o gênero e o número dos adjetivos.

Variando em gênero

Você, certamente, já notou que o adjetivo acompanha o *gênero* do substantivo ao qual está ligado, ou seja, é o substantivo que manda: substantivo no feminino, adjetivo no feminino; substantivo no masculino, adjetivo no masculino. Simples, não é?

É o que você pode perceber na frase: **O jogador brasileiro foi aplaudido quando saiu do campo**, em que o adjetivo **brasileiro** está no masculino para concordar com o substantivo masculino **jogador**. Se o substantivo jogador estivesse no feminino, o adjetivo também estaria no feminino (**jogadora brasileira**). Esses adjetivos que apresentam duas formas, uma para o feminino e outra para o masculino, são chamados de *biformes*.

Uma boa notícia: as regras para a formação do feminino dos adjetivos são as mesmas dos substantivos; ou seja, basta você voltar algumas páginas e reler a parte *Passando para o feminino*. Não há regras novas!

Existem também adjetivos que apresentam uma única forma, que serve tanto para o feminino quanto para o masculino. É o que acontece com o adjetivo **amável**, que apresenta a mesma forma tanto para se referir ao masculino (homem **amável**) quanto ao feminino (mulher **amável**). Adjetivos desse tipo são, por esse motivo, chamados de adjetivos *uniformes.*

Variando em número

Os adjetivos variam também em *número* (singular e plural) de acordo com o substantivo a que estão ligados. Mais uma vez, é o substantivo que manda. Assim, na frase: **Comprei livros interessantes**, o adjetivo **interessantes** está no plural para concordar com o substantivo **livros**.

O plural dos adjetivos segue as mesmas regras dos substantivos. Você deve apenas ficar atento ao plural dos adjetivos compostos, aqueles que são formados por mais de um elemento, como **azul-escuro**.

Plural dos adjetivos compostos

A regra do plural dos adjetivos compostos diz o seguinte: só o último elemento varia. Assim, **azul-escuro** no plural fica **azul-escuros**, **latino-americano** fica **latino-americanos**.

CAPÍTULO 5 **Adjetivo, o Par Perfeito do Substantivo** 59

Mas lembre-se de que se o adjetivo composto indicar cor e o último elemento for um substantivo, o adjetivo composto fica invariável. Por exemplo, o adjetivo composto **amarelo-ouro** indica uma cor e o último elemento (**ouro**) é um substantivo. Assim, você deve dizer: "**Comprei dois vestidos amarelo-ouro.**"

CUIDADO

Os adjetivos compostos **azul-marinho** e **azul-celeste** (blusas **azul-marinho**/blusas **azul-celeste)** não variam nunca, mesmo que os substantivos a que esses adjetivos se ligam estejam no plural. Já no adjetivo composto **surdo-mudo**, os dois elementos variam (crianças **surdas-mudas**).

Variando em grau

Você viu que o grau dos substantivos indica, de modo geral, aumento ou diminuição de tamanho. Já nos adjetivos, a variação de grau tem outra utilidade: serve para fazer comparações ou intensificar determinada característica; portanto, existe o grau *comparativo* e o *superlativo*.

Como o nome já diz, no grau comparativo, dois seres são comparados por meio de um adjetivo. O *comparativo* pode ser de *igualdade*, *superioridade* ou *inferioridade*. Note como é bem fácil formar o comparativo:

igualdade	**tão** + adjetivo + **quanto** ou **como**	Ele é *tão* inteligente *quanto* o irmão.
superioridade	**mais** + adjetivo + **do que** ou **que**	Ele é *mais* inteligente *do que* o irmão.
inferioridade	**menos** + adjetivo + **do que** ou **que**	Ele é *menos* inteligente *do que* o irmão.

O *superlativo*, por outro lado, serve para destacar uma qualidade no grau mais alto de intensidade. É o grau dos exagerados. Você, com certeza, depois de um longo dia de trabalho, já disse: **Estou cansadíssimo(a)**. O superlativo serve, assim, para intensificar uma qualidade. Observe nas frases abaixo como isso pode acontecer:

João é o *mais* inteligente da turma.

João é *muito* inteligente ou *inteligentíssimo*.

Na primeira frase, o adjetivo **inteligente** está sendo intensificado em relação a um grupo, no caso, a turma; ou seja, João é o mais inteligente somente em relação às pessoas da turma. Esse é chamado de *superlativo relativo*, porque estabelece uma relação com o grupo. O *superlativo relativo* pode indicar *superioridade* (**Ele é o *mais* estudioso da turma**) ou *inferioridade* (**Ele é o *menos* estudioso da turma**).

Já na segunda frase, a qualidade **inteligente** não se compara à de nenhuma outra pessoa, ou seja, a qualidade **inteligente** é destacada, sem estabelecer relação com outros elementos. Esse é o *superlativo absoluto*. O *superlativo absoluto* pode ser formado de duas maneiras: a analítica e a sintética. Na forma analítica, usamos o advérbio **muito**, ou qualquer outro de sentido parecido, como **bastante** ou **extremamente**, para reforçar a ideia do adjetivo. É o que acontece na frase: **O filme é muito divertido**. Na forma sintética, basta acrescentar uma terminação especial ao adjetivo. Nesse caso, diríamos **O filme é divertidíssimo**.

Repare que, na forma analítica, a marca do grau está fora do adjetivo, o grau é indicado por outra palavra; no exemplo acima, essa indicação foi feita pelo advérbio **muito**. Já na forma sintética, a marca do grau está no próprio adjetivo, por meio de uma terminação (-**íssimo**).

CUIDADO

Existem quatro adjetivos que formam o *comparativo* e o *superlativo* de forma especial. São eles: **bom**, **mau**, **grande** e **pequeno**.

CAPÍTULO 5 **Adjetivo, o Par Perfeito do Substantivo**

Observe, na tabela abaixo, como eles se comportam:

TABELA 5-1   **Formas especiais do comparativo e do superlativo**

Adjetivo	Comparativo de superioridade	Superlativo absoluto	Superlativo relativo
bom	melhor	ótimo	o melhor
mau	pior	péssimo	o pior
grande	maior	máximo	o maior
pequeno	menor	mínimo	o menor

Assim, não dizemos "mais bom", "mais mau", "mais grande" nem "mais pequeno". Usamos as formas: **melhor**, **pior**, **maior** e **menor**. É o que acontece na frase: **Minha letra é** *melhor/pior/maior* **ou** *menor* **que a sua.**

CUIDADO

Existe uma situação em que o padrão culto admite as expressões **mais bom**, **mais mau**, **mais grande**. Isso ocorre quando se comparam duas características de um mesmo ser. É o que acontece na frase: **Ele é** *mais grande* **do que gordo**.

> **NESTE CAPÍTULO**
> » Definindo os pronomes
> » Classificando os pronomes
> » Descobrindo a utilidade dos pronomes
> » Evitando mal-entendidos com os pronomes
> » Colocando o pronome no lugar certo

Capítulo **6**

Pronomes, uma Classe Muito Útil

No Capítulo 1, você foi apresentado(a) aos *pronomes* e descobriu que **eles** (olha aqui um pronome!) têm uma ligação muito forte com os substantivos. Agora, você vai conhecer os diferentes tipos e saber como empregá-los.

Pronomes, Mil e Uma Utilidades

Você pode até não saber classificar os pronomes, mas com certeza usa muito essa classe ao falar e escrever. Isso acontece porque os pronomes têm um papel importante na comunicação, pois eles apontam as pessoas do discurso. Lembra-se das pessoas do discurso? Como você já viu no Capítulo 1, elas indicam a pessoa que fala (1ª pessoa), a pessoa com quem se fala (2ª pessoa) e a pessoa de quem se fala (3ª pessoa).

CAPÍTULO 6 **Pronomes, uma Classe Muito Útil** 63

Outro ponto importante sobre os pronomes é que eles podem acompanhar ou substituir os substantivos. Por exemplo, na frase: **Meu relógio sumiu, já o procurei por toda parte**, o pronome **meu** acompanha o substantivo **relógio**, indicando que o relógio pertence à pessoa que está falando. Esse pronome que acompanha o substantivo é chamado de *pronome adjetivo*, porque, do mesmo modo que o adjetivo, ele sempre acompanha o substantivo. Já o pronome **o** substitui o substantivo **relógio**, evitando que o texto fique repetitivo. Esse pronome que ocupa o lugar do substantivo recebe o nome de *pronome substantivo*.

Há seis tipos de pronomes: os *pessoais*, os *possessivos*, os *demonstrativos*, os *indefinidos*, os *interrogativos* e os *relativos*, que você vai conhecer melhor a partir de agora.

Eu, Tu ou Ele? Pronomes Pessoais à Vista

O nome já dá uma bela pista da utilidade desses pronomes. Os pronomes pessoais são aqueles pronomes que indicam diretamente as tais pessoas do discurso. Ao falar ou escrever, você usa os pronomes **eu** ou **nós** para se referir a si mesmo. Se quiser se dirigir à pessoa com quem está falando, vai usar os pronomes **tu**, **vós**, **você** ou **vocês**. E, para se referir às pessoas ou às coisas das quais está falando, lança mão dos pronomes **ele**, **ela**, **eles** ou **elas**.

Uma característica curiosa desses pronomes, que costuma confundir muita gente na hora de empregá-los, é que eles mudam de forma de acordo com a função que desempenham na frase. Eles podem ser *retos* ou *oblíquos*. Conheça agora os pronomes retos e oblíquos apresentados na Tabela 6-1.

TABELA 6-1   Pronomes retos e oblíquos

Pessoas	Pronomes pessoais retos	Pronomes pessoais oblíquos átonos	Pronomes pessoais oblíquos tônicos
1ª singular	eu	me	mim, comigo
2ª singular	tu	te	ti, contigo
3ª singular	ele	o, a, se, lhe	ele, ela, si, consigo
1ª plural	nós	nos	nós, conosco
2ª plural	vós	vos	vós, convosco
3ª plural	eles	os, as, se, lhes	eles, elas, si, consigo

Reto ou oblíquo? Eis a questão...

Você, provavelmente, já ficou em dúvida na hora de escolher entre o *pronome reto* **ele** e o *pronome oblíquo* **o**, não é? **Eu o encontrei na praça** ou **Eu encontrei ele na praça**, qual é a forma adequada de acordo com a variedade padrão do português?

Mas, não se preocupe, essa é uma dúvida comum. O importante é lembrar que a escolha entre o *pronome reto* e o *pronome oblíquo* está diretamente ligada à função sintática do pronome na oração: os *pronomes retos* funcionam como *sujeito* e os *oblíquos*, geralmente como *complementos* (principalmente como objetos diretos e objetos indiretos).

Calma, não se desespere se você se esqueceu do que é sujeito ou objeto. Existe um jeito bem fácil de identificar essas funções fazendo umas perguntinhas para o verbo.

Para saber qual é o sujeito, coloque *quem* ou *o que* na frente do *verbo* (*quem* ou *o que* + *verbo?*). A resposta é o sujeito!

Observe a frase:

O menino comprou uma bola.

Para identificar o sujeito, pergunte: Quem comprou? A resposta é **o menino**; logo, **o menino** é o sujeito. Dê uma olhada no esquema:

>> QUEM ou O QUE + VERBO (comprou)? = SUJEITO (o menino)

Já para localizar o objeto, a pergunta é outra: primeiro coloque o *verbo* e, depois dele, *o quê* (*verbo* + *o quê?*). Vamos testar? Pergunte desta maneira: *comprou o quê?* A resposta é **uma bola**; logo, **uma bola** é objeto.

>> VERBO (comprou) + O QUÊ? = OBJETO

Assim, se você quiser usar pronomes no lugar dos substantivos na frase: **O menino comprou uma bola**, basta substituir o sujeito **o menino** pelo pronome pessoal reto **ele** e o objeto pelo pronome pessoal oblíquo **a** (**Ele a comprou**). Fácil, não é?

LEMBRE-SE

É muito comum na língua oral cotidiana o emprego dos pronomes pessoais retos como complementos. É comum ouvirmos frases como "Vi ele no aeroporto" ou "Encontrei ela no mercado". Lembre-se, no entanto, de que a norma-padrão recomenda o emprego das formas oblíquas nesses casos: **Vi-*o* no aeroporto** e **Encontrei-*a* no mercado**.

Detalhes nem tão pequenos

Alguns pronomes pessoais têm algumas características especiais ao serem empregados nas frases. Você deve prestar atenção a esses detalhes para fazer um bom uso deles.

Os *pronomes oblíquos tônicos* (**mim, ti, ele/ela, nós, vós, eles/elas**), por exemplo, são sempre antecedidos de preposição. É o que se vê nas frases que se seguem. Repare que a preposição pode variar e o pronome também, mas ela sempre aparece antes dos oblíquos tônicos.

Entregou *a* ele o presente.

Não se esqueça *de* nós.

***Para* mim, a melhor diversão é viajar.**

Já os *pronomes átonos* **o**, **a**, **os**, **as** podem assumir as formas **lo**, **la**, **los**, **las** ou **no**, **na**, **nos**, **nas**. Isso acontece quando o verbo que está antes do pronome termina em **r**, **s** ou **z**. Nesses casos, a consoante final cai e o pronome ganha as formas **lo**, **la**, **los**, **las** (Vou fazer + o = Vou fazê-lo). Se o verbo termina em **-am**, **-em**, **-ão** ou **-õe**, o pronome assumirá as formas **no**, **na**, **nos**, **nas** (Encontraram + a = Encontraram-na).

"Você" por Aqui?

É isso mesmo. Os *pronomes de tratamento*, **você**, **vossa excelência**, **vossa senhoria** etc. também são pronomes pessoais. Você já deve ter percebido que os *pronomes de tratamento* são os pronomes que usamos para nos dirigir às pessoas, tanto de maneira informal, mais íntima, quanto de maneira mais respeitosa, cerimoniosa. Por exemplo, ao falarmos com um amigo, é provável que utilizemos o pronome **você**, mas, ao nos dirigirmos a uma pessoa a quem queremos demonstrar respeito, certamente usaremos o *pronome de tratamento* **senhor** ou **senhora**.

É importante lembrar que os *pronomes de tratamento* se referem às pessoas com quem falamos, ou seja, à 2ª pessoa, mas o verbo fica na 3ª pessoa. Por exemplo, na frase **O senhor precisa de ajuda?**, o verbo **precisar** aparece na 3ª pessoa (**precisa**) e não na 2ª (**precisas**).

Assim, sempre que usarmos qualquer *pronome de tratamento*, o verbo ficará sempre na 3ª pessoa, do singular ou do plural. Agora que você já sabe para que servem os *pronomes de tratamento*, dê uma olhada na Tabela 6–2, que mostra os pronomes de tratamento mais comuns, as abreviaturas e a quem se referem:

TABELA 6–2 Pronomes de tratamento

Pronome de tratamento	Abreviatura	Usado para
Vossa Alteza	V. A.	príncipes, duques, arquiduques
Vossa Eminência	V. Ema.	cardeais
Vossa Excelência	V. Exa.	altas autoridades do governo e das Forças Armadas
Vossa Magnificência	V. Maga.	reitores de universidades
Vossa Majestade	V. M.	reis, imperadores
Vossa Reverência ou Vossa Reverendíssima	V. Reva. ou V. Rerma.	sacerdotes
Vossa Santidade	V. S.	o papa
Vossa Senhoria	V. Sa.	funcionários públicos graduados, oficiais até coronel, pessoas de cerimônia

CUIDADO

Usamos a forma **Vossa** + *pronome de tratamento* (**Vossa Excelência**, **Vossa Senhoria** etc.) quando estamos falando diretamente com a pessoa. Quando estamos falando sobre a pessoa, usamos a forma **Sua** + *pronome de tratamento*.

Observe as frases abaixo:

Vossa Santidade **gostou do Rio de Janeiro?**

Sua Santidade **chegou ao Rio de Janeiro.**

Na primeira frase, o pronome de tratamento indica que estamos falando diretamente com o papa. Já na segunda, estamos falando sobre o papa.

Os Seus, os Meus, os Nossos: Pronomes Possessivos

Os *pronomes possessivos*, como o nome já diz, dão uma ideia de posse. Na frase **Meu carro está sem gasolina**, o *pronome possessivo* **meu** indica que o carro pertence à pessoa que está falando. Repare que o *possessivo* concorda com o substantivo ao qual está ligado: **carro** é um substantivo masculino e está no singular; logo, o possessivo **meu** também está no masculino singular.

TABELA 6–3   Pronomes possessivos

Pessoa	Pronomes possessivos
1ª pessoa do singular	meu, minha, meus, minhas
2ª pessoa do singular	teu, tua, teus, tuas
3ª pessoa do singular	seu, sua, seus, suas
1ª pessoa do plural	nosso, nossa, nossos, nossas
2ª pessoa do plural	vosso, vossa, vossos, vossas
3ª pessoa do plural	seu, sua, seus, suas

CUIDADO

Os *possessivos* são pronomes bem fáceis de reconhecer e empregar, mas, às vezes, podem causar problemas. Sabe por quê? Às vezes, dão duplo sentido à frase. Você usa o pronome pensando em dizer uma coisa e a pessoa entende outra. Por exemplo, na frase **Maria disse a João que passaria por sua casa antes do cinema**, o pronome **sua** não deixa claro se a casa é da Maria ou do João. Será que a Maria passaria pela própria casa antes do cinema ou pela do João? Nesse caso, a solução é substituir pelo pronome dele ou dela: **Maria disse a João que passaria pela casa** *dele* **(ou** *dela***) antes do cinema**.

Este, Esse ou Aquele? A Vez dos Demonstrativos

Este ou esse? Se você é daqueles que nunca sabe quando usar o pronome **este** ou **esse** na hora de falar ou escrever, fique de olho nesta seção. Os *demonstrativos* podem ser bem úteis. Vamos conhecê-los:

TABELA 6-4   **Pronomes demonstrativos**

Pessoa do discurso	Pronomes demonstrativos
1ª pessoa	este, esta, estes, estas, isto
2ª pessoa	esse, essa, esses, essas, isso
3ª pessoa	aquele, aquela, aqueles, aquelas, aquilo

Agora que você já sabe reconhecer os *pronomes demonstrativos*, é importante saber para que servem. Como o nome já diz, eles mostram a posição dos seres em relação às famosas pessoas do discurso (a pessoa que fala — **eu**, a pessoa com quem se fala — **tu** e a pessoa de quem se fala — **ele**). Mas posição em relação a quê? Pode ser posição no espaço (lugar), no tempo (presente, passado ou futuro) ou até no texto.

Vamos ver como isso funciona? Siga as observações a seguir:

»   *Posição no espaço* — Imagine a seguinte situação: duas pessoas falando sobre uma caneta. Se a pessoa que fala (1ª pessoa) estiver perto da caneta, dirá: Esta caneta está falhando. O demonstrativo

70   PARTE 1 **Palavras, Muitas Palavras...**

esta indica que a caneta está perto da pessoa que fala. Mas se a caneta estiver perto da pessoa com quem se fala, usamos o demonstrativo de 2ª pessoa (essa): Essa caneta está falhando. E se a caneta estiver longe das duas pessoas que estão conversando? Aí, é só usar o demonstrativo aquela, que indica 3ª pessoa: Aquela caneta está falhando.

» *Posição no tempo* — Os *demonstrativos* também podem indicar relação com o tempo presente, passado ou futuro. Na frase: Hoje é domingo, quero aproveitar este dia, a palavra hoje dá essa indicação de tempo presente, por isso o demonstrativo este foi usado. Já na frase: No mês passado, eu me formei; ainda nesse mês fui contratado por uma grande empresa, a ideia é de um passado próximo (no mês passado); logo, o *demonstrativo* escolhido foi esse (nesse mês). Agora, se estivermos falando de um passado distante, é o *demonstrativo* aquele que entra em cena: Em 1945, terminou a 2ª Guerra Mundial, aquele ano foi um marco na história mundial.

» *Posição no texto* — Os *demonstrativos* podem ainda indicar o que vai ser falado e aquilo que já foi citado no texto. Por exemplo, usamos o demonstrativo este (e suas variações esta, estes, estas) e isto quando estamos nos referindo a alguma coisa que ainda vai ser mencionada no texto. É o que acontece na frase Esta é a minha meta: ser feliz. Note que o demonstrativo esta está se referindo a alguma coisa que ainda vai ser dita (ser feliz). Mas, se você vai se referir a alguma coisa que já foi dita, o pronome adequado é esse (e suas variações): Conhecer o mundo inteiro. Esse é o meu objetivo! O objetivo (conhecer o mundo inteiro) já tinha sido apresentado, por isso foi usado o demonstrativo esse.

E o demonstrativo **aquele**, vai ser usado em que situação? Bem, o **aquele** (e suas variações) vai ser usado com o demonstrativo **esse** para se referir a elementos já mencionados. Sempre que você estiver se referindo ao elemento que estiver mais longe no texto, entra em ação o **aquele** e suas variações. Por exemplo, na frase **Rubem Braga e Vinícius de Moraes nasceram em 1913: aquele, no mês de janeiro;**

esse, no mês de julho. Repare que o nome do escritor Rubem Braga foi citado primeiro, está mais distante; logo, o pronome **aquele** foi usado; já para substituir Vinícius de Moraes, nome que está mais próximo, foi usado o demonstrativo **esse** (também poderia ser usado, nesse caso, o demonstrativo **este**).

A Tabela 6–5 faz um resumo do emprego dos demonstrativos nas diferentes situações. Dê uma olhada e não se confunda mais na hora de escolher o demonstrativo adequado ao tipo de situação:

TABELA 6–5   O emprego dos demonstrativos

Pronomes demons-trativos	Situação no tempo	Situação no espaço	Situação no texto
este, esta, estes, estas, isto	presente	proximidade da pessoa que fala	indica o que ainda vai ser dito
esse, essa, esses, essas, isso	passado próximo	proximidade da pessoa com que se fala	indica o que já foi dito
aquele, aquela, aqueles, aquelas, aquilo	passado distante	distância da pessoa que fala e da pessoa com quem se fala	indica o que foi citado primeiro

Demonstrativos menos famosos

Existem *pronomes demonstrativos* menos conhecidos, mas que desempenham um papel importante na construção de frases e textos, pois substituem palavras já citadas ou até frases inteiras. Um deles é o demonstrativo **o** (e suas variações **a**, **os**, **as**). Mas não confunda esses demonstrativos com os artigos definidos ou com os pronomes pessoais oblíquos átonos.

As palavras **o**, **a**, **os**, **as** serão demonstrativos sempre que substituírem uma frase inteira e puderem ser substituídas por **isto**, **isso**, **aquilo**, **aquele**, **aquela**, **aqueles**, **aquelas**.

Observe a frase:

Devemos conhecer melhor a língua portuguesa, é importante que _o_ façamos logo.

Nesse caso, o demonstrativo **o** está se referindo à frase inteira que foi citada anteriormente (**conhecer melhor a língua portuguesa**). Repare também que podemos substituir o demonstrativo **o** por **isso** (**... é importante que façamos isso logo**).

Em outras situações, o demonstrativo **o** (e suas variações **a**, **os**, **as**) não substitui uma frase inteira, mas apenas uma palavra. Nesses casos, esse demonstrativo vem antes das palavras **que** ou **de** (e das variações **do**, **da**, **dos**, **das**) e também equivale aos demonstrativos **isto**, **isso**, **aquilo**, **aquele**, **aquela**, **aqueles**, **aquelas**.

Observe as frases:

Não use esta toalha, pegue _a_ que está no armário.

Nesse exemplo, o demonstrativo **a** está antes da palavra **que**. Ele substitui a palavra **toalha** e corresponde ao demonstrativo **aquela** (**... pegue aquela que está no armário**).

Não siga por este caminho, prefira _o_ da esquerda.

Na frase acima, o demonstrativo **o**, que está antes da palavra **da** (**de + a**), substitui a palavra **caminho** e equivale ao demonstrativo **aquele**.

Também são pronomes demonstrativos as palavras: **tal**, **semelhante** (quando puder ser substituído por **tal**), **mesmo** e **próprio** (quando têm o sentido de "idêntico" ou "em pessoa"). Observe esses pronomes nas frases abaixo:

Não se compreendia _tal_ comportamento.

Não diga _semelhante_ coisa! (... tal coisa)

Ele comete sempre os _mesmos_ erros. (... erros idênticos)

Ela _própria_ fez os desenhos. (Ela em pessoa...)

Pronomes Indefinidos: É Tudo ou Nada

Alguém sabe para que servem os *pronomes indefinidos*? Sabe esse **alguém** que aparece aí na pergunta? Ele não se refere a uma pessoa determinada, identificada de maneira precisa, mas sim a uma pessoa qualquer da qual se fala. É exatamente para isso que servem os *pronomes indefinidos*: indicar os seres de maneira vaga, imprecisa, indeterminada. Esses pronomes são bem úteis quando não temos informações suficientes sobre algo ou não queremos identificar alguma coisa diretamente.

Também na frase **Muitos se inscreveram no concurso, mas poucos foram aprovados**, **muitos** e **poucos** são *pronomes indefinidos*, pois referem-se de maneira vaga e genérica aos candidatos que se inscreveram e foram aprovados, ou seja, não definem com exatidão o número de candidatos.

TABELA 6-6 Pronomes indefinidos

Pronomes indefinidos variáveis	Pronomes indefinidos invariáveis
algum (alguma, alguns, algumas)	alguém
bastante (bastantes)	algo
certo (certa, certos, certas)	cada
muito (muita, muitos, muitas)	demais
nenhum (nenhuma, nenhuns, nenhumas)	mais
outro (outra, outros, outras)	menos
pouco (pouca, poucos, poucas)	nada
qualquer (quaisquer)	ninguém
quanto (quanta, quantos, quantas)	outrem

tanto (tanta, tantos, tantas)	que
todo (toda, todos, todas)	quem
um (uma, uns, umas)	tudo
vário (vária, vários, várias)	

Pronome indefinido ou advérbio?

Se você até hoje acha que toda palavra **muito** é um advérbio, leia com atenção esta seção. As palavras **bastante**, **muito**, **pouco**, **mais** e **menos** podem ser *pronomes indefinidos* ou advérbios. Como reconhecer a que classe pertencem? Basta ver a que outras palavras elas estão ligadas. (É só dar uma olhadinha no Capítulo 2, que fala das classes básicas e das dependentes.)

Se essas palavras estiverem ligadas a um verbo, a um adjetivo ou a um advérbio, serão classificadas como advérbios. Mas se estiverem ligadas a substantivos serão *pronomes*. Observe as frases:

Comi *bastante* no almoço.

Bastante, nesse caso, é advérbio, pois se liga ao verbo (**comi**).

Bastantes **pessoas chegaram para a apresentação.**

A palavra **bastantes**, na frase anterior, refere-se ao substantivo **pessoas**, logo, é um *pronome indefinido*.

O importante nisso tudo é saber que **bastante**, **muito** e **pouco** quando forem pronomes concordam com o substantivo a que estão ligados. Repare que o *pronome indefinido* **bastante** está até no plural (bastantes) para concordar com o substantivo **pessoas**.

CUIDADO

O pronome indefinido **menos** é invariável. Assim, de acordo com a norma-padrão, deve-se dizer: **Comprei *menos* canetas que você** (e não "Comprei *menas* canetas que você").

Curiosidades sobre alguns indefinidos

Alguns *pronomes indefinidos* têm um comportamento especial.

Por exemplo, a palavra **certo** (e suas variações) só é *pronome indefinido* se estiver antes do substantivo:

> *Certas* (= algumas) **pessoas não se responsabilizam por seus atos**.

Por outro lado, se a palavra **certo** vier depois do substantivo, será um adjetivo. É o que acontece na frase abaixo:

> **Ele escolheu as pessoas** *certas* **para a sua equipe.**

Nesse caso, **certas** é um adjetivo, com sentido de *adequadas*.

O *pronome indefinido* **algum** também tem uma característica peculiar. Sabe qual é? Se ele vem depois do substantivo, apresenta valor negativo. A frase abaixo deixa isso claro:

> **Carta** *alguma* **foi entregue aqui.**

A colocação do pronome **alguma** depois do substantivo **carta** indica que nenhuma carta foi entregue.

Também é bom ficar de olho nos *indefinidos* **todo** e **toda**. Se estiverem acompanhados de artigo (todo o/toda a), significam **inteiro**. Veja a frase:

> *Toda a* **cidade participou da festa.**

O uso do **toda + a** indica que a cidade inteira participou da festa.

Se estiver sem artigo, o pronome **todo** (e suas variações) significa **cada**, **qualquer**. É o que se observa na frase abaixo:

> *Toda* **cidade tem um prefeito** (= Cada cidade tem um prefeito).

Pronomes Interrogativos, Quais?

Quais são os *pronomes interrogativos*? Você vai logo conhecê-los, mas, com certeza, já deve ter percebido para que servem. É isso mesmo: os *pronomes interrogativos* (o **quais** da pergunta anterior é um deles) servem para interrogar, para perguntar. São eles: **que**, **quem**, **qual** e **quanto**. Mas esses pronomes nem sempre aparecem em frases com ponto de interrogação no final. Eles podem aparecer em perguntas disfarçadas, são as tais interrogativas indiretas, aquelas que não têm ponto de interrogação. É o que acontece na frase abaixo:

Gostaria de saber *quanto* custa este vestido.

Esse **quanto** da pergunta é um *pronome interrogativo*.

Você deve estar se perguntando sobre as palavras **quando**, **como**, **por que** e **onde**, que também usamos para fazer perguntas. Não são *pronomes interrogativos*? Não, essas palavras são advérbios interrogativos, pois, como qualquer advérbio, indicam circunstância de *tempo* (quando), *modo* (como), *causa* (por que) e *lugar* (onde).

Pronomes Relativos, Relacionar É com Eles

Enfim, os *relativos*. Tais pronomes funcionam como uma espécie de ponte entre a palavra que está antes deles e a informação que vem depois. Observe a frase:

Comprei o livro *que* o professor indicou.

A palavra **que** é um *pronome relativo*. Repare que esse pronome substitui a palavra **livro**, evitando a repetição do termo. Assim, em vez de dizer **Comprei o livro, o professor indicou o livro**, só usamos a palavra **livro** uma vez. Os *relativos*, por essa razão, são **muito** úteis para unir as frases que formam um texto. Alguns deles podem variar em gênero e número; outros não mudam a sua forma, são invariáveis.

CAPÍTULO 6 **Pronomes, uma Classe Muito Útil** 77

TABELA 6-7   Pronomes relativos

Pronomes relativos variáveis	Pronomes relativos invariáveis
o qual, a qual, os quais, as quais	que
cujo, cuja, cujos, cujas	quem
quanto, quanta, quantos, quantas	onde

DICA

Para saber se o pronome é *relativo* mesmo, tente substituir por **o qual** e suas variações, pois esse pronome é sempre relativo e, além disso, pode se referir a pessoas ou coisas. Se a substituição for possível, o pronome será *relativo*. Veja a substituição na frase abaixo:

Encontrei o livro *que* procurava = Encontrei o livro *o qual* procurava.

Logo, esse **que** é um *pronome relativo*.

Quem: o relativo para poucos

Além de pronome indefinido e interrogativo, o **quem** também pode ser *pronome relativo*. Mas esse pronome só é usado em referência a pessoas ou coisas personificadas. Além disso, o *pronome relativo* **quem** vem sempre precedido de preposição, mesmo que o verbo não a exija. Dê uma olhada no exemplo abaixo:

Maria, a *quem* admiro muito, é minha amiga de infância.

Repare que o *pronome relativo* **quem** faz referência a uma pessoa; no caso, Maria. Note também que o verbo **admirar** não pede preposição (admirar algo ou alguém), mas, ainda assim, a preposição está presente.

Quanto: relativo só às vezes

É, nem sempre o **quanto** e suas variações (**quanta**, **quantos**, **quantas**) serão *pronomes relativos*. Aliás, é bem mais comum usarmos esses pronomes como interrogativos. Na verdade, eles só serão *pronomes relativos* quando estiverem depois dos pronomes indefinidos **tudo**, **todos** e **todas**. É o que você pode ver no exemplo abaixo:

Comprou *tudo* **quanto podia.**

Onde, aonde ou donde?

Se você já se perguntou em que situações usar cada uma dessas formas (**onde**, **aonde**, **donde**), está no ponto certo deste livro. É exatamente isso que você vai ver agora. Mas, antes de fazer a diferença entre as formas **onde**, **aonde** e **donde**, vale a pena lembrar que a palavra **onde** pode ser tanto advérbio interrogativo quanto *pronome relativo*, porém, independentemente da classificação, o **onde** deve ser sempre usado para indicar lugar.

Você já deve ter percebido que, às vezes, esse **onde** vira **aonde** ou **donde**. Mas quando devemos usar cada uma dessas formas? Essa costuma ser uma dúvida comum. Veja como é fácil entender a diferença entre essas três formas. O **onde** indica o lugar em que estamos ou no qual um fato acontece. Normalmente, aparece junto a verbos que indicam permanência (**estar**, **ficar**, **permanecer**, **encontrar-se**, **achar-se**, **morar** etc.). Em termos práticos, o **onde** pode ser substituído por **em que lugar**, **no qual**, **em que**. É o que observamos nas seguintes frases:

Onde (= em que lugar) **você está?**

A casa *onde* (= em que) **moro é confortável.**

CAPÍTULO 6 **Pronomes, uma Classe Muito Útil** 79

Já a forma **aonde**, que é a junção da preposição **a** + **onde**, carrega a ideia de movimento. Por isso, normalmente, aparece com verbos de movimento (**ir**, **vir**, **voltar**, **regressar**, **retornar** etc.). Repare que esses verbos pedem normalmente a preposição **a**:

Iria à festa se tivesse companhia.

A forma **aonde** pode ser substituída por **a que lugar**, **para que lugar**, **ao qual**, como se pode notar nas seguintes frases:

Aonde (a que lugar) **ela vai agora?**

O lugar *aonde* (ao qual) **fomos era pouco movimentado.**

O **donde**, por sua vez, é a junção da preposição **de** + **onde**. É usado para indicar a procedência, a origem, o lugar do qual alguém ou alguma coisa vem. Pode ser substituído por **de que lugar**, **do qual** (**da qual**, **dos quais**, **das quais**), como se nota na frase:

A cidade *donde* **eu venho é bem pequena.**

CUIDADO

Muita gente esquece que o papel do pronome relativo **onde** é indicar lugar físico ou espacial e acaba usando o **onde** sem essa ideia, o que contraria a norma-padrão. É o que se pode notar na frase **Comprei um conjunto de lençóis, onde é feito de puro algodão**. No exemplo, a expressão que vem antes do **onde** (conjunto de lençóis) não indica lugar, por isso **não** se deve usar o *pronome relativo* **onde**. Nesse caso, o adequado seria **Comprei um conjunto de lençóis, que é feito de puro algodão**.

Já na frase: **A cidade onde moro é populosa**, o **onde** está bem empregado, pois está se referindo à expressão **a cidade,** que representa um lugar.

> ## NESTE CAPÍTULO
>
> » Conhecendo a estrutura das palavras
>
> » Identificando os elementos que formam as palavras
>
> » Descobrindo como dividir as palavras em unidades menores
>
> » Aprendendo como se formam as palavras em português

Capítulo **7**

A Intimidade das Palavras: Estrutura e Formação das Palavras

Você agora vai conhecer a estrutura das palavras: as várias partes que as formam e as maneiras de formar novas palavras em português. Você pode estar se perguntando qual é a utilidade disso. Na verdade, o conhecimento da estrutura das palavras vai lhe permitir aproveitar mais o potencial de cada uma delas.

De Grão em Grão É Que Se Formam as Palavras: Estrutura das Palavras

Você já deve ter notado que as palavras são formadas por partes menores que se combinam até formar um todo. Por exemplo, a palavra menina é formada por seis fonemas (m-e-n-i-n-a) e três sílabas (me-ni-na). Mas também é possível fazer outra divisão: menin-a. Essa última divisão é feita com base em elementos que veiculam significado. Menin-, por exemplo, significa *criança* e a desinência -a indica *feminino*. Nessa divisão, cada elemento que forma a palavra é responsável por uma parte de seu significado. Repare que, na divisão em fonemas e sílabas, as unidades isoladamente não têm significado.

Veja agora como fica a divisão da palavra menininhas levando-se em conta as menores unidades de significado: Menin-inh-a-s. O elemento menin-, o mesmo que aparece na palavra menina, como você já sabe, significa *criança*. A terminação -inh- significa *tamanho* pequeno, o -a indica o *feminino* e o -s representa o *plural*. Cada um desses elementos vai se juntando à palavra, ampliando sua significação.

Essas unidades mínimas de significado que formam as palavras são chamadas de *morfemas* ou *elementos mórficos*, ou seja, são as menores unidades de sentido de uma palavra.

Dissecando as Palavras

Agora você vai conhecer melhor cada uma dessas unidades significativas, os *morfemas*, e saber que tipo de significado transmitem. É como se você fosse um médico fazendo um exame detalhado no paciente. Só que, no seu caso, o paciente é a palavra e os morfemas correspondem aos órgãos do corpo humano. Os morfemas recebem diferentes nomes: *radical*, *desinência*, *afixo*, *vogal temática* e *vogal* ou *consoante de ligação*. Não se assuste com esses nomes, eles apenas nomeiam elementos que estão presentes nas palavras que você usa todos os dias.

O radical: a base

O primeiro elemento ao qual você vai ser apresentado é o *radical*. Esse morfema tem um papel fundamental na estrutura das palavras, pois é o responsável pela significação principal da palavra: ele é o núcleo da significação. É o radical que representa os dados do mundo a nossa volta, reais ou imaginários. É também chamado de morfema lexical. Através dele, parte do significado de uma palavra pode ser compreendido, mesmo se a palavra for desconhecida. Na palavra pedra, por exemplo, o *radical* é pedr-. Repare que o *radical* pedr- é que carrega o significado básico da palavra: matéria dura e sólida. As palavras que apresentam o mesmo *radical*, como pedreiro, pedraria, pedrinha, pertencem à mesma família e, por isso, são chamadas de *cognatas*.

Os afixos: prefixos e sufixos

Além do radical, há os *afixos*, que são aqueles elementos que se juntam ao radical para formar novas palavras. Um exemplo de afixo é o re-, em palavras como refazer, rebater, recomeçar, reaprender, que significa repetição. Quando o afixo é colocado antes do radical, recebe o nome de *prefixo*, como aconteceu nas palavras acima. Quando aparece depois do radical, é chamado de *sufixo*. É o que acontece nas palavras italiano, sergipano e paulistano, em que o afixo -ano vem depois do radical, indicando proveniência, origem. Repare que os *afixos* formam novas palavras com o sentido diferente da palavra base.

As desinências: terminações especiais

Outro elemento que compõe as palavras são as *desinências*. Mas, calma, não se impressione com mais esse nome, *desinências* são terminações especiais que indicam as flexões das palavras. Lembra-se das flexões? Elas são variações de gênero e número para os nomes e de tempo, modo, número e pessoa para os verbos. Por exemplo, no substantivo alunas há duas desinências: uma que indica o gênero feminino (-a) e outra que indica o plural (-s). Essas desinências que aparecem nos nomes são chamadas de *desinências nominais*.

Além das *desinências nominais*, existem também as *desinências verbais*, das quais você já ouviu falar no Capítulo 3. As *desinências verbais* indicam as variações que os verbos podem assumir: tempo, modo, número e pessoa. Em português, as *desinências verbais* pertencem a dois tipos: *desinências modo-temporais*, que, como o nome já diz, indicam o modo e o tempo verbal, e *desinências número-pessoais*, que indicam o número e a pessoa do verbo.

Dê uma olhada nessas desinências na forma verbal cantássemos:

> » A terminação -sse mostra que o verbo está no pretérito imperfeito do subjuntivo, é uma *desinência modo-temporal*, pois indica tempo e modo.

> » A terminação -mos indica que essa forma verbal está na 1a pessoa do plural, sendo, assim, uma *desinência número-pessoal*.

Não confunda alhos com bugalhos...

Você pode estar se perguntando qual é a diferença entre sufixo e desinência, já que ambos são terminações. Na verdade, a desinência não dá origem a uma nova palavra. O sufixo, ao contrário, é responsável pela criação de uma nova palavra, com um novo sentido. Observe o exemplo da palavra dentes: a desinência de número -s indica que há mais de um dente, mas não forma uma nova palavra. Já na palavra dentista, -ista é um sufixo que indica o profissional que trata dos dentes. Notou a diferença? O sufixo cria, assim, uma nova palavra.

Vogal temática: o elo

As vogais são nossas velhas conhecidas, não é? Mas a *vogal temática* é aquela vogal que tem um papel especial na estrutura das palavras, pois é ela que faz a ligação entre o radical e as desinências. Na verdade, ela prepara o radical para receber as desinências. Dê uma olhada em como isso funciona no verbo amar:

» O radical é am- (esse radical também está presente nas palavras amável, amoroso).

» O -r é a desinência própria do infinitivo.

Mas, como você já sabe, pelas leis da língua portuguesa, a combinação **am + r** é impossível. Você, com certeza, nunca viu essa combinação em português. É aí que entra a *vogal temática*, ela se junta ao radical e permite que ele receba as desinências. Veja só como isso acontece:

» Am (radical) + a (vogal temática) + r (desinência de infinitivo).

Note que a *vogal temática* (-a) se junta ao *radical* (am-) para formar uma base à qual se ligam as desinências. Essa base (ama) recebe o nome de *tema*. É bom lembrar que a *vogal temática* aparece tanto nos verbos quanto nos nomes.

Nos verbos, as *vogais temáticas* indicam a conjugação. Elas são -a, -e e -i. Como você já viu no Capítulo 3, os verbos com a vogal temática -a pertencem à primeira conjugação, como em falar e brincar; aqueles com a vogal temática -e pertencem à segunda conjugação, como em vender e fazer; e os que têm a vogal temática -i são da terceira conjugação, como em partir e sorrir.

Você pode perceber claramente a presença da vogal temática entre o radical e as desinências nas formas verbais falava, vendesse e partiria, analisadas na Tabela 7-1:

TABELA 7-1 Vogais temáticas

	Radical	Vogal temática	Tema	Desinência
1ª conjugação	fal	a	fala	va
2ª conjugação	vend	e	vende	sse
3ª conjugação	part	i	parti	ria

Nos nomes, também aparece a *vogal temática*. As vogais que funcionam como *vogais temáticas* nos nomes são -a, -e e -o quando forem átonas finais, como acontece nas palavras mesa, sorte, auxílio. Repare que as vogais temáticas -a, -e e -o dos exemplos estão na sílaba átona. Essas vogais preparam também os nomes para receber a desinência, como em mesa + s (desinência de gênero).

LEMBRE-SE

Os nomes terminados em vogal tônica (café, cipó, sofá, tatu) e em consoante (azul, feliz, mar) não apresentam vogal temática; são, por isso, chamados de *atemáticos*.

Palavra Puxa Palavra: Formando Novas Palavras

Você já parou para pensar no grande número de palavras que existem na nossa língua? E o sentido de boa parte delas está guardado na nossa memória. Realmente, é uma tarefa bastante penosa memorizar um número razoável de palavras de uma língua. Mas, para nossa sorte, muitas palavras são formadas pela união de elementos já conhecidos. Isso facilita bastante o conhecimento do sentido de novas palavras.

Por exemplo, não temos dificuldade em reconhecer o sentido da palavra destampar se conhecemos o sentido do verbo tampar, pois o acréscimo do prefixo des- antes da palavra indica o contrário.

Também é possível formar novas palavras pela união de outras já existentes. É o que acontece com a palavra guarda-chuva, que é o resultado da união do verbo guardar com o substantivo chuva.

Por isso, vale a pena conhecer os processos que nos permitem não apenas formar novas palavras em português, mas também conhecer o sentido de muitas delas.

Formando novas palavras

Em português, existem dois processos básicos que nos permitem formar novas palavras: *derivação* e *composição*. É bem provável que você não lembre o nome desses processos lá das suas aulas de português, mas, sem dúvida, você os utiliza bastante.

Derivação: O nome já diz tudo

Bem, a *derivação* ocorre quando acrescentamos prefixos ou sufixos a uma palavra básica, primitiva. É o que ocorre com a palavra felizmente, que é formada pela palavra feliz (chamada de palavra primitiva) + o sufixo -mente. Repare que, como o nome já diz, esse processo forma palavras derivadas. Observe os tipos de *derivação* que permitem que novas palavras sejam criadas em português:

» *Derivação prefixal* ou *prefixação* — ocorre quando acrescentamos um prefixo à palavra primitiva. É o que ocorre com as palavras INcômodo, REviver e SOBREpor.

» *Derivação sufixal* ou *sufixação* — ocorre quando acrescentamos um sufixo à palavra primitiva. As palavras bonDADE, firmEZA e alegrIA são exemplos de derivação sufixal.

CAPÍTULO 7 **A Intimidade das Palavras: Estrutura e Formação...**   87

> *Derivação prefixal e sufixal* ou *prefixação e sufixação* — nesse tipo de derivação, há o acréscimo de um prefixo e um sufixo à palavra primitiva. É o que se vê nas palavras DESvalorizaÇÃO e DESigualDADE.

> *Derivação parassintética* ou *parassíntese* — ocorre quando acrescentamos simultaneamente, ou seja, ao mesmo tempo, o prefixo e o sufixo à palavra primitiva. É o que se pode observar nas palavras AnoitECER e ENdireitAR. A parassíntese, normalmente, forma verbos a partir de substantivos e adjetivos. Por exemplo, do substantivo farelo forma-se esfarelar e do adjetivo maduro, amadurecer.

DICA

Você percebeu que, tanto nas palavras derivadas por *sufixação* e *prefixação* quanto nas derivadas por *parassíntese*, existem prefixos e sufixos. Por esse motivo, para não confundir *derivação prefixal e sufixal* com *parassíntese*, use o seguinte recurso:

> Retire o prefixo ou o sufixo da palavra derivada. Se a palavra não perder o sentido, ela é formada por *derivação prefixal e sufixal*.
> É o caso de infelizmente: podemos tirar o prefixo in- e teremos felizmente, que é uma palavra que existe em português. O mesmo acontece se tirarmos o sufixo -mente: infeliz também é uma palavra da nossa língua. Isso não é possível em casos de *parassíntese*, como esclarecer: não existe "esclare" nem "clarecer".

Isso mostra que, na derivação *prefixal e sufixal*, os afixos (prefixos e sufixos) vão sendo acrescentados aos poucos, e não ao mesmo tempo, como ocorre na *parassíntese*. Assim, quando retirados, não prejudicam a palavra primitiva. É o que ocorre com a palavra valor, que se transforma em valorizar, que, por sua vez, passa a desvalorizar e depois vira desvalorização. Assim, se você tira o prefixo des-, permanece a palavra valorização, que existe no português.

» *Derivação regressiva* — ocorre quando se retira a parte final de uma palavra primitiva. Você deve estar achando esse tipo de derivação um pouco diferente das anteriores, e é mesmo, pois, na derivação regressiva, não há acréscimos na palavra, e sim redução. Normalmente, esse tipo de derivação forma substantivos a partir de verbos. Assim, os substantivos formados pela derivação regressiva indicam o nome de uma ação.

Para formar esses substantivos, basta substituir a terminação do verbo (formada pela vogal temática, -a, -e ou -i, + a desinência de infinitivo -r) por uma das vogais temáticas nominais (-a, -e ou -o). Veja como é fácil:

cortar – ar = cort + e = corte;

perder – er = perd + a = perda;

fugir – ir = fug + a = fuga.

Aliás, esse tipo de derivação é bem usado na língua coloquial. Você já ouviu as gírias "agito" e "amasso"? Pois é, são exemplos de derivação regressiva.

» *Derivação imprópria* — nesse tipo de derivação, a palavra não sofre nenhuma alteração de forma, ou seja, nem acréscimo, nem redução, o que muda mesmo é a classe da palavra. Por exemplo, na frase Ele jamais aceita um não como resposta, a palavra não, que costuma ser um advérbio, passou a ser um substantivo.

Composição: juntando palavras

Além da derivação, outro processo que permite que formemos novas palavras é a *composição*. Esse processo, na verdade, não é nada mais, nada menos, do que a união de duas ou mais palavras simples. Por exemplo, as palavras guarda-chuva (guarda + chuva) e pontapé (ponta + pé) são chamadas de palavras compostas, porque são o resultado da união de duas outras. Repare que nem toda palavra composta apresenta hífen. Essa união de palavras pode ocorrer de duas maneiras: composição por *justaposição* e composição por *aglutinação*.

Na *justaposição*, os elementos que formam a nova palavra composta são colocados lado a lado, mas cada um deles conserva a mesma pronúncia e a mesma forma que tinha antes. É o que acontece com os compostos passatempo e conta-gotas. Por isso é que se diz que os elementos desses compostos estão justapostos, ou seja, colocados em posição justa, exata, sem alterações.

CUIDADO

Em alguns compostos por *justaposição*, ocorre até mudança da grafia dos elementos. Mesmo assim, dizemos que ocorre *justaposição*, desde que a pronúncia continue a mesma. É o que você pode notar no composto girassol (**gira + sol**), em que houve o acréscimo de uma letra, mas, exatamente por isso, a pronúncia se manteve.

Já na composição por *aglutinação*, ocorre alteração da pronúncia e da forma de, pelo menos, um dos elementos da palavra composta. Na palavra planalto (**plano + alto**), por exemplo, houve alteração na pronúncia da palavra plano. A mesma coisa acontece com os compostos aguardente (**água + ardente**) e vinagre (**vinho + acre**). Note que nesses compostos também houve mudança na pronúncia e na forma das palavras originais.

Análise Sintática. Sem Medo!

NESTA PARTE...

Esta parte vai tratar das tão temidas funções sintáticas:
sujeito, predicado, objeto direto, complemento nominal
etc. Mas, antes disso, você vai saber exatamente o que é
sintaxe e para que ela serve. Aqui você vai aprender também
a diferenciar frase, oração e período e a reconhecer as
funções sintáticas dos termos de uma oração. Além disso, vai
aprender a classificar as orações de um período composto.
Todo esse conhecimento de sintaxe vai ajudar você a
combinar melhor as palavras e as orações para construir
textos bem elaborados.

NESTE CAPÍTULO

» Descobrindo o que é sintaxe e para que ela serve

» Definindo frase, oração e período

» Reconhecendo os tipos de frase

Capítulo 8

Sintaxe para quê?

ujeito, predicado, objeto direto, adjunto adnominal, aposto... Lembra-se das suas aulas de análise sintática? Se você perde o sono só de ouvir falar nesses termos, relaxe. Este capítulo vai apresentar a você alguns conceitos básicos desse tema.

Mas, antes de qualquer coisa, é preciso saber o que é *sintaxe*. A *sintaxe* é a parte da gramática que estuda o modo como as palavras se relacionam umas com as outras dentro de uma frase, ou seja, a ordem das palavras nas frases, a relação de dependência entre elas e também a concordância de uma palavra com a outra são assuntos tratados pela sintaxe. Assim, ela analisa a função, o papel que as palavras têm em relação às outras nas frases.

E a tão temida *análise sintática*? O que significa isso? A palavra **análise** vem do verbo **analisar**, que significa dividir um todo em partes menores. Já a sintaxe, como você viu, trata das relações entre as palavras nas frases. Assim, analisar sintaticamente uma frase

CAPÍTULO 8 **Sintaxe para quê?** 93

significa dividir uma frase em partes menores e reconhecer cada uma dessas partes e a relação entre elas.

Frase, Isso Faz Sentido

Desde o início deste capítulo, você tem lido muito a palavra *frase*, mas também já deve ter ouvido falar bastante, em suas aulas de sintaxe, dos termos *oração* e *período*. Conhecer a diferença entre esses conceitos é importante, pois não é possível analisar a função sintática de uma palavra isolada, fora de uma *oração*. Então, mãos à obra!

Vamos começar pela frase. *Frase* é todo enunciado que tem sentido completo. Para começo de conversa, você deve estar se perguntando o que é *enunciado*. *Enunciado* é tudo que você diz, oralmente ou por escrito. Assim, qualquer *enunciado* que transmita uma significação completa é uma *frase*. As frases podem até ser formadas por uma única palavra. Por exemplo, quando ouvimos alguém gritar: "**Fogo!**", entendemos que está avisando que alguma coisa está pegando fogo. Logo, **Fogo!** é uma *frase*.

Mas, se uma *frase* pode ser formada por uma única palavra, o que vai diferenciar uma simples palavra de uma *frase*? Bem, na fala, o que faz uma simples palavra se tornar uma *frase* é a entonação, ou seja, é a forma de pronunciar que indica se ela é uma afirmação, pergunta ou exclamação. Já na escrita, aparecem os sinais de pontuação (ponto--final [.], ponto de interrogação [?] ou ponto de exclamação [!]) para indicar a entonação.

Já deu para perceber que as *frases* podem ser bem simples, o importante mesmo é que tenham sentido completo. Mas elas também podem apresentar mais elementos, como em **Aquele carro está pegando fogo**. Repare que as *frases* podem ou não apresentar verbos. A *frase* **Fogo!** não tem verbo, por isso é chamada de *frase nominal*. Já a frase **Aquele carro está pegando fogo** apresenta a locução verbal **está pegando**, por isso é uma *frase verbal*.

94   PARTE 2 **Análise Sintática. Sem Medo!**

Diga qual dos enunciados abaixo é uma *frase verbal*:

A. Boa tarde, rapazes!

B. Dia de protesto no Rio de Janeiro.

C. Chove desde a madrugada.

Resposta: Só o enunciado C é uma frase verbal, pois apresenta o verbo chover. Os enunciados A e B são frases nominais, pois não apresentam verbo.

Tipos de Frases

Bem, você viu que as frases podem ser classificadas em *verbais* ou *nominais* de acordo com a presença ou não de verbos, mas elas também podem ser classificadas de acordo com a utilidade que têm na comunicação. Por exemplo, se você tem uma dúvida, faz uma pergunta; se está alegre, faz uma exclamação etc. Assim, as frases podem ser:

» *Declarativas* — são aquelas que fazem uma declaração, apresentam uma informação: Hoje é sábado.

» *Exclamativas* — são as que expressam um estado afetivo (admiração, surpresa, alegria, espanto): Que dia lindo!

» *Imperativas* — são as que apresentam uma ordem, um pedido ou um conselho: Aproveite bem o dia!

» *Interrogativas* — são aquelas que apresentam uma pergunta: Que dia é hoje?

Diferenciando Frases, Orações e Períodos

Você acabou de ver que um enunciado é chamado de *frase* quando tem sentido completo. Mas, e a *oração*? Não pense que *oração* é só aquela prece que fazemos quando vamos à igreja. O conceito de *oração* para a gramática é bem diferente. Na verdade, é todo enunciado que apresenta verbo. Já o *período* é o conjunto de uma ou mais orações, delimitado pelos seguintes sinais de pontuação: ponto-final (.), ponto de exclamação (!), ponto de interrogação (?).

Assim, um enunciado como **Gostei deste livro!** é:

» Uma *frase*, porque tem sentido completo;

» Uma *oração*, porque tem verbo;

» Um *período*, pois é formado por uma oração e está marcado pelo ponto de exclamação.

Os *períodos* podem ser formados por uma ou mais de uma oração. Aqueles que têm apenas uma oração são chamados de *períodos simples*. E a oração que forma o *período simples* recebe o nome de *oração absoluta*. É o caso do exemplo acima.

Já os períodos que apresentam duas ou mais orações são chamados de *compostos*. Observe o período a seguir:

É bom que você leia este livro.

Temos aí duas orações, pois há dois verbos (**é**, **leia**). É, assim, um *período composto*.

Você deve estar se perguntando por que precisa saber o que é uma *frase*, uma *oração* ou um *período*. Bem, esses conceitos são importantes para o estudo da sintaxe, pois a análise sintática só é possível em enunciados que tenham verbos, ou seja, só é possível em orações e períodos. Isso ocorre porque o verbo é a espinha dorsal de um enunciado, é ele que determina a relação que um elemento tem com outro no enunciado.

96   PARTE 2 **Análise Sintática. Sem Medo!**

NESTE CAPÍTULO

» Apresentando os termos essenciais, integrantes e acessórios da oração

» Definindo os termos essenciais, integrantes e acessórios da oração

» Definindo o sujeito e o predicado

» Classificando o sujeito e o predicado

Capítulo 9

Termos Essenciais da Oração: Esses Não Podem Faltar

Você já deve ter percebido que fazer a análise sintática de um enunciado significa dividir uma oração em partes menores e reconhecer a função de cada uma delas. Essas partes são chamadas de *termos da oração*, e esses termos são divididos em três grupos: *termos essenciais, termos integrantes* e *termos acessórios*.

E não é à toa que os *termos da oração* são chamados dessa maneira. Essa divisão tem a ver com a maior ou menor importância que um termo tem na oração. Assim, os *termos essenciais* são os termos básicos, que estão presentes na maioria das orações. Já a palavra **integrante** vem do verbo **integrar**, que significa *completar*. E é exatamente isso que os *termos integrantes* de uma oração fazem: eles completam

CAPÍTULO 9 **Termos Essenciais da Oração: Esses Não Podem Faltar** 97

o sentido de verbos ou nomes que não têm sentido completo. Já os *termos acessórios*, como o próprio nome diz, são considerados dispensáveis. Podemos até dizer que a função que eles têm na oração é secundária, pois a falta de um termo acessório não deixa a estrutura da oração prejudicada. Mas isso não quer dizer que esses termos sejam desnecessários, pois, em algumas situações, colaboram muito para o entendimento da frase.

Conhecendo os Termos da Oração

A Tabela 9–1 permite que você tenha uma visão completa dos termos da oração e identifique os *termos essenciais, integrantes* e *acessórios*:

TABELA 9–1 Termos da oração

Termos essenciais	Termos integrantes	Termos acessórios
sujeito	complementos verbais: objeto direto e objeto indireto	adjunto adverbial
predicado	complemento nominal	adjunto adnominal
	predicativo	aposto
	agente da passiva	

Termos Essenciais da Oração: Os Indispensáveis

Como você pôde ver na tabela acima, os termos da oração que são considerados essenciais são o *sujeito* e o *predicado*. Vamos conhecer melhor cada uma dessas funções sintáticas?

Quem É Esse Sujeito?

Você já deve ter notado que as orações, de uma maneira geral, apresentam uma informação sobre alguém ou alguma coisa. Esse elemento sobre o qual informamos alguma coisa é o *sujeito*. Por exemplo, na oração **Os brasileiros adoram futebol**, o termo **os brasileiros** é o elemento do qual se diz alguma coisa, ou seja, **os brasileiros** é o *sujeito* da oração.

Repare que o *sujeito* dessa oração é formado por duas palavras, **os** e **brasileiros**, mas uma delas apresenta a ideia mais importante: **brasileiros**. **Brasileiros** é, assim, a principal palavra do *sujeito*, por isso recebe o nome de *núcleo do sujeito*. Assim, o *sujeito* é formado pelo núcleo e pelas palavras que estiverem ligadas a ele.

Mas além de ser o termo do qual se diz alguma coisa, o sujeito apresenta outras características que vão ajudar você a o reconhecer com facilidade. Preste atenção nelas:

> » O *sujeito* manda no verbo, isso significa que o verbo concorda com o sujeito em número e pessoa; ou seja, sujeito no singular = verbo no singular; sujeito no plural = verbo no plural; sujeito na 1ª pessoa = verbo na 1ª pessoa e assim por diante.

Note que, na frase acima, **Os brasileiros adoram futebol**, o verbo **adorar** está na 3ª pessoa do plural (**adoram**), porque o sujeito da oração (**Os brasileiros**) está na 3ª pessoa do plural (**eles adoram futebol**).

> » O *núcleo do sujeito* (a palavra mais importante do sujeito) é sempre um substantivo, pronome substantivo (pronome que substitui o substantivo) ou qualquer palavra substantivada. Na frase Os brasileiros adoram futebol, o substantivo brasileiros é o núcleo do sujeito.

CAPÍTULO 9 **Termos Essenciais da Oração: Esses Não Podem Faltar** 99

DICA

Um truque simples para descobrir o *sujeito* de uma oração é fazer a seguinte pergunta ao verbo:

> » **QUEM** (para pessoas) ou **O QUÊ** (para coisas) + **VERBO?**

Voltando à frase **Os brasileiros adoram futebol**, a pergunta fica assim:

> » *Quem* adora futebol?

A resposta é **os brasileiros**; logo, **os brasileiros** é o *sujeito* da oração.

Já na frase **O carro foi comprado naquela concessionária**, a pergunta que você deve fazer é a seguinte:

> » *O que* foi comprado?

A resposta é **o carro**. O termo **o carro** é, assim, o *sujeito* da oração.

CUIDADO

Você deve ter notado que o *sujeito* costuma aparecer no início das orações, antes do verbo; mas, fique atento, pois nem sempre isso acontece, principalmente com alguns verbos, como **ocorrer** e **existir**. Observe os exemplos:

> » Já ocorreram ***outros acidentes*** naquela rodovia → O que ocorreu? Outros acidentes = sujeito.
>
> » Existem ***placas de sinalização*** naquela rodovia → O que existe? Placas de sinalização = sujeito.

Nesses casos, o sujeito está *posposto* ao verbo.

Que tipo de sujeito é você?

» *Sujeito simples* — apresenta apenas um núcleo. Por exemplo, na frase Aqueles alunos são muito dedicados, o sujeito aqueles alunos é simples, pois apresenta um único núcleo (alunos), que é a palavra mais importante do sujeito.

» *Sujeito composto* — apresenta dois ou mais núcleos. É o que se vê na oração Crianças, jovens e adultos participaram da festa. Nesse caso, o sujeito crianças, jovens e adultos é composto, pois apresenta três núcleos.

» *Sujeito oculto* — como o nome já diz, é aquele que não aparece na oração, mas pode ser reconhecido pela terminação do verbo. No exemplo, Comprei um novo livro de sintaxe, o sujeito não aparece expresso na oração, mas pode ser reconhecido com facilidade pela terminação do verbo (eu comprei).

» *Sujeito indeterminado* — esse tipo de sujeito ocorre quando não podemos (ou não queremos) identificar a quem a informação da oração se refere. Existem duas maneiras de indeterminar o sujeito:

- A primeira delas, com *verbos na 3ª pessoa do plural*, sem que esse verbo esteja se referindo a um termo já citado. Por exemplo, na frase Ligaram para você ontem, o verbo está na 3ª pessoa do plural, mas não se refere a nenhum elemento da oração. Provavelmente quem disse isso colocou o verbo no plural, pois não sabia exatamente quem ligou.

- Outra possibilidade de indeterminar o sujeito é com a partícula se. É o que acontece na frase Vive-se bem no interior. Repare que o verbo viver não se refere a nenhum termo da oração, nem a nenhuma pessoa em especial, ou seja, o sentido da frase é de que qualquer pessoa vive bem no interior. Nos casos de *sujeito indeterminado* com a partícula se, o verbo fica sempre na *3ª pessoa do singular*, e esse se é chamado de *índice de indeterminação do sujeito*, pois é justamente o se que dá essa ideia de conjunto, de generalização.

CAPÍTULO 9 **Termos Essenciais da Oração: Esses Não Podem Faltar** 101

> » *Oração sem sujeito* — isso não é exatamente um tipo de sujeito, afinal, o sujeito, nesses casos, não existe e exatamente por isso não pertence a nenhum tipo. Mas esse é o lugar certo para falar de algumas orações em que a informação que aparece no predicado não se liga a nenhum sujeito. Os casos de *oração sem sujeito* ocorrem sempre com certos verbos.

O primeiro caso de *oração sem sujeito* acontece com verbos que indicam fenômenos da natureza (**chover**, **nevar**, **trovejar**, **amanhecer** etc.). Por exemplo, na frase **Nevou muito no sul do país**, a oração não tem sujeito, pois o verbo **nevar** representa um fenômeno da natureza, que não se refere a nenhum sujeito.

Outro caso de *oração sem sujeito* acontece com o verbo haver quando ele indicar existência, ou seja, quando for sinônimo do verbo existir. É o que acontece na frase **Há** (= existem) **muitos candidatos para as universidades públicas**.

Também há casos de oração sem sujeito com os verbos **estar**, **fazer**, **haver** e **ser** com indicação de tempo ou clima. É o que se vê nos exemplos a seguir:

Está **cedo ainda.**

Faz **nove anos que me mudei.**

Há **dias não o vejo!**

Já *é* **tarde.**

Faz **frio aqui.**

CUIDADO

Repare que, nas *orações sem sujeito*, o verbo fica na 3ª pessoa do singular. Esses verbos são chamados de impessoais, pois estão sempre na mesma pessoa, a 3ª do singular. A única exceção é o verbo **ser**, que varia de acordo com a expressão numérica nas indicações de tempo. É o que se vê na frase a seguir:

São nove horas.

Nesse exemplo, o verbo **ser** está no plural (**São**) para concordar com o número **nove** da expressão numérica **nove horas**.

Predicado: Esse Não Pode Faltar

Agora que você já sabe identificar o sujeito de uma oração, fica fácil reconhecer o *predicado*, que é tudo aquilo que se diz do sujeito. Na prática, o *predicado* é o que sobra na oração depois que se retira o sujeito. Observe a oração abaixo para identificar o predicado:

Os livros *são bons companheiros.*

São bons companheiros é o predicado da oração; isto é, aquilo que se diz do sujeito **os livros**.

O *predicado* não pode faltar nunca, pois é ele que carrega o verbo da oração e, como você já sabe, sem verbo, não há oração.

Parada para abastecer: a transitividade dos verbos

Antes de você saber mais sobre o predicado, vamos dar uma paradinha para abastecer seus conhecimentos de sintaxe. Esses conhecimentos o ajudarão a reconhecer os tipos de predicado e também a identificar outros termos da oração.

Você já sabe que os verbos são o coração da oração, ou seja, sem eles as orações não existem. Mas nem todos os verbos se comportam da mesma maneira no predicado. Existem alguns verbos que, sozinhos, podem formar o predicado, pois têm sentido completo. É o que acontece com o verbo **viajar** na oração **Meu irmão viajou**.

Já outros verbos precisam de alguns elementos para completar seu sentido, como acontece com o verbo **comprar** na oração **Comprei excelentes livros**. O verbo **comprar** não tem sentido completo, esse verbo precisa de um complemento. No caso, **excelentes livros** é o complemento.

CAPÍTULO 9 **Termos Essenciais da Oração: Esses Não Podem Faltar** 103

E existem ainda aqueles verbos que simplesmente não têm sentido, ou seja, não levam nenhuma ideia nova para o sujeito, servem apenas para ligá-lo a uma palavra que o caracteriza. É o caso do verbo **ser** (**é**) na oração **O filme é excelente**.

Assim, de acordo com essas características, os verbos recebem a seguinte classificação:

> » *Verbos intransitivos* — os *intransitivos* são aqueles verbos que têm sentido completo, ou seja, não precisam de nenhum elemento para completar seu sentido. O verbo em si já diz tudo. Por exemplo, na frase Minha caneta sumiu, o verbo sumir, sozinho, já transmite uma ideia completa. Aliás, é exatamente por isso que esse tipo de verbo é chamado de *intransitivo*. A palavra intransitivo vem do verbo transitar, que significa passar, ou seja, o sentido do verbo sumir não passa, não transita para outra palavra do predicado.
>
> » *Verbos transitivos* — com os *verbos transitivos* a situação é bem diferente. Esses verbos têm sentido, mas esse sentido não é completo. O verbo amar, por exemplo, é *transitivo*, pois exige complemento para completar seu sentido. Se você diz a alguém: Amo!, é natural que a pessoa queira saber quem ou o que você ama. Os *verbos transitivos* podem ser *diretos*, *indiretos* ou *diretos e indiretos* ao mesmo tempo.

Os *transitivos diretos* são aqueles que não exigem preposição. É o caso do verbo **amar**. Note que na frase **Amei esse livro** não existe nenhuma preposição entre o verbo **amar** e o complemento **esse livro**. A ligação entre o verbo e o complemento é direta, ou seja, sem preposição. Por isso, o verbo **amar** é *transitivo direto*. Os termos que completam o sentido de um *verbo transitivo direto* são chamados de *objetos diretos*. Assim, **esse livro** é um *objeto direto*.

Já os *verbos transitivos indiretos* exigem preposição. É o caso do verbo **gostar**. Repare que, sempre que você usa o verbo **gostar**, a preposição **de** naturalmente aparece depois dele (**Gosto *de* chocolate**). Os termos

104 PARTE 2 **Análise Sintática. Sem Medo!**

que completam o sentido dos *verbos transitivos indiretos* recebem o nome de **objetos indiretos**.

E há também os *verbos transitivos diretos e indiretos*, que têm um complemento com e outro sem preposição. O verbo **entregar** é um deles: **Entreguei o livro ao aluno** (**o livro** = *objeto direto*; **ao aluno** = *objeto indireto*).

> ≫ *Verbos de ligação* — o nome já diz tudo: esses verbos servem para ligar duas palavras ou expressões (o sujeito e um termo que o caracterize). Por exemplo, na frase O mar está calmo, o verbo estar liga o sujeito O mar ao termo calmo, que caracteriza o sujeito. O termo calmo, nesse caso, é a palavra mais importante do predicado, pois carrega o sentido do predicado. É o chamado *predicativo do sujeito*.

Predicativo: O atributo

Como você já deve ter notado, o *predicativo* é aquela função sintática que indica uma qualidade, um estado ou uma característica do sujeito. Mas é importante lembrar que o predicativo também pode se ligar ao objeto. É o que se vê na frase:

Nós encontramos as crianças animadas.

Note que o predicativo **animadas** está caracterizando o termo **crianças**, que é o núcleo do objeto direto.

Você provavelmente está pensando que só os adjetivos podem funcionar como predicativos, já que são eles que costumam indicar qualidades. Mas outras classes de palavras, além dos adjetivos, também podem funcionar como predicativos. Na verdade, o núcleo do predicativo pode ser representado também pelas seguintes classes: *locuções adjetivas*, *substantivos*, *numerais* e *pronomes*. Dê uma olhada nos predicativos destacados nas frases a seguir:

A criança estava *com sede* (com sede = locução adjetiva = predicativo).

CAPÍTULO 9 **Termos Essenciais da Oração: Esses Não Podem Faltar**   105

José é o *gerente* (gerente = substantivo = predicativo).

Eles são os *primeiros* (primeiros = numeral = predicativo).

Isso é *meu* (meu = pronome = predicativo).

CUIDADO

Só existe predicativo do objeto se o verbo da oração for transitivo, pois apenas os verbos transitivos exigem complementos, ou seja, objetos. Logo, se o verbo da oração for de ligação, o predicativo será sempre do sujeito.

Verbal, nominal ou verbo-nominal: Os tipos de predicado

É isso mesmo que você está pensando: vem mais classificação por aí. O predicado, do mesmo modo que o sujeito, apresenta diferentes tipos: o *predicado verbal*, o *predicado nominal* e o *predicado verbo-nominal*. Mas entender cada um dos tipos de predicado não é difícil, seus nomes já dão uma boa ideia de como são.

> » *Predicado verbal* — repare no nome desse predicado: *verbal*. Isso significa que o verbo é a palavra mais importante do predicado, é o núcleo. Para um verbo ser a palavra mais importante do predicado, ele precisa ter sentido, ou seja, o verbo do predicado verbal é *intransitivo* ou *transitivo*. Além disso, tudo o que aparece no predicado está ligado ao verbo. Repare na oração:
>
> Os vizinhos *reclamaram do barulho* — o predicado (reclamaram do barulho) é *verbal*, pois o verbo reclamar é a palavra mais importante do predicado. O termo do barulho só existe para completar o sentido do verbo.
>
> » *Predicado nominal* — já no predicado nominal a palavra mais importante, ou seja, o núcleo, é um nome. O verbo, nesse tipo de predicado, não tem sentido, é um simples elemento de ligação entre o sujeito e um nome, que serve para caracterizar o sujeito. Não é à toa que esse verbo é chamado de *verbo de ligação*. Esse

termo que caracteriza o sujeito recebe o nome de *predicativo do sujeito*. Veja um exemplo de predicado nominal:

Minhas férias *foram ótimas* — o predicado (foram ótimas) é *nominal*, pois o termo ótimas é a palavra mais importante do predicado (o núcleo). O verbo (foram) está ali só para ligar o sujeito Minhas férias a uma característica desse sujeito, ótimas, que funciona como *predicativo do sujeito*.

» *Predicado verbo-nominal* — é uma mistura do predicado verbal e do nominal, ou seja, apresenta dois núcleos: um verbo com sentido (*intransitivo* ou *transitivo*) e um nome (o *predicativo*). É o que acontece na oração:

O menino *brincava feliz* — o predicado (brincava feliz) é *verbo-nominal*, pois apresenta dois núcleos: o verbo intransitivo brincar e o predicativo feliz. Repare que o *predicado verbo-nominal* pode ser desdobrado em duas orações, uma com predicado verbal (O menino brincava) e outra com predicado nominal (O menino estava feliz).

Os Termos Essenciais e a Pontuação

Você viu que o sujeito e o predicado constituem a estrutura básica da maioria das orações. A ligação entre esses termos é tanta que não deve ser interrompida por nenhum sinal de pontuação, mesmo que o sujeito seja muito longo ou esteja depois do predicado. É o que você pode comprovar nos exemplos a seguir:

Todas as alternativas de renovação dos métodos de trabalho foram postas em prática.

Foram entregues *todos os documentos necessários para a inscrição.*

Note que, no primeiro período, o sujeito **Todas as alternativas de renovação dos métodos de trabalho**, mesmo longo, não se separa do predicado por vírgula. Também não ocorre vírgula no segundo

CAPÍTULO 9 **Termos Essenciais da Oração: Esses Não Podem Faltar** 107

período, em que o sujeito **todos os documentos necessários para a inscrição** está depois do predicado **Foram entregues**.

Pontuando os núcleos do sujeito composto

Como você já sabe, o sujeito composto apresenta vários núcleos. E esses núcleos devem ser separados por vírgulas, como se vê no sujeito composto a seguir:

> *Alunos*, *professores*, *pais* e *funcionários* **organizaram a festa de formatura.**

É bom lembrar que, quando o último núcleo é introduzido por conjunção (**e**, **ou** ou **nem**), não haverá vírgula.

Pontuando termos intercalados

Preste atenção: sempre que houver intercalação de termos entre o sujeito e o predicado, haverá uma vírgula antes e outra depois do termo intercalado.

> **Os resultados,** *caros alunos*, **foram muito bons.**

Note que o termo **caros alunos** está entre vírgulas, pois está intercalado entre o sujeito **Os resultados** e o predicado **foram muito bons**.

Pontuando o predicativo

O predicativo pode, sim, ser separado do restante da oração. Veja quando isso pode acontecer:

> *Maravilhados*, **os turistas admiravam os monumentos históricos do local.**

> **Os turistas,** *maravilhados*, **admiravam os monumentos históricos do local.**

Nas orações de predicado verbo-nominal, sempre que o predicativo do sujeito estiver invertido ou intercalado, será isolado por vírgulas, como mostram os exemplos anteriores.

108   PARTE 2 **Análise Sintática. Sem Medo!**

NESTE CAPÍTULO

» Apresentando os termos integrantes da oração

» Definindo os termos integrantes: objeto direto, objeto indireto, complemento nominal, predicativo e agente da passiva

» Conhecendo as vozes verbais

Capítulo **10**

Termos Integrantes da Oração: Uma Ajudinha Extra

Agora, você vai conhecer melhor os *termos integrantes da oração*. Esses termos, como o próprio nome já diz, servem para integrar, ou seja, para completar o sentido de verbos e nomes que não têm sentido completo e, exatamente por isso, precisam de uma ajudinha extra para transmitir de forma completa uma ideia. Por esse motivo, alguns termos integrantes recebem o nome de complementos: são os *complementos verbais* e o *complemento nominal*. Além desses complementos, o *predicativo* e o *agente da passiva* também são termos integrantes.

Completando os Verbos: Objeto Direto e Objeto Indireto

Na seção *Parada para abastecer*, no Capítulo 9, você viu que nem todos os verbos têm sentido completo. Alguns precisam de outros termos para completar seu sentido. Esses verbos recebem o nome de *transitivos* e os termos que completam esses verbos são os *complementos verbais*. Esses complementos podem se ligar diretamente ao verbo, sem a presença de uma preposição, ou podem ser iniciados por uma preposição. (Se você já se esqueceu delas, dê uma olhada no Capítulo 1.)

Se a ligação entre o verbo e o complemento é direta, ou seja, sem preposição, o complemento do verbo recebe o nome de *objeto direto*. Observe a frase abaixo:

Aluguei uma casa de praia.

O verbo **alugar** não tem sentido completo (quem aluga, aluga alguma coisa). O termo **uma casa de praia** é a expressão que vai completar o sentido desse verbo. Já que esse termo não é iniciado por preposição, é chamado de *objeto direto*.

Outros verbos, ao contrário, fazem questão da preposição, só aparecem com elas. É o caso do verbo **precisar**. Note que, sempre que você constrói uma frase com esse verbo, lá está ela. É o que se vê no exemplo que segue:

Preciso de sua ajuda.

A preposição **de** inicia o complemento do verbo, por isso esse complemento recebe o nome de *objeto indireto*.

Resumindo, existem dois tipos de complementos do verbo: o *objeto direto* (é aquele que se liga ao verbo sem preposição) e o *objeto indireto* (é aquele que se liga ao verbo com preposição). Uma característica comum dos *objetos diretos* e dos *objetos indiretos* é que o núcleo

110 PARTE 2 **Análise Sintática. Sem Medo!**

dessas funções sintáticas é sempre um substantivo, um pronome substantivo ou uma palavra substantivada.

DICA

Você pode localizar com facilidade os complementos verbais fazendo perguntas ao verbo da seguinte maneira:

> **VERBO + QUEM ou O QUÊ?**

Voltando à frase:

Aluguei uma casa de praia.

Basta perguntar: Aluguei o quê? A resposta é **uma casa de praia**, que é o complemento do verbo — o *objeto direto*.

Para localizar o *objeto indireto*, basta fazer a pergunta com a preposição que está na frase. Veja como funciona:

Preciso de sua ajuda.

A pergunta fica assim: Preciso de quê? A resposta é **de sua ajuda** (*objeto indireto*).

Completando os Nomes: O Complemento Nominal

Não são só os verbos que precisam de uma ajudinha extra. Muitos nomes não têm sentido completo, principalmente aqueles formados a partir de verbos. Por exemplo, o verbo **necessitar** não tem sentido completo, esse verbo exige um complemento com preposição, ou seja, precisa de um objeto indireto (necessitar **de alguma coisa**).

A mesma coisa acontece com o substantivo **necessidade**, que é derivado do verbo **necessitar**. Se alguém disser apenas **Tenho necessidade**, é natural que perguntem: Necessidade de quê? Isso mostra que não só os **verbos**, mas também os **nomes** podem exigir um complemento. É o que se vê no exemplo que segue:

Tenho necessidade de ajuda.

O termo **de ajuda** é o complemento da palavra **necessidade**, que é um nome. Por esse motivo, o termo **de ajuda** é chamado de *complemento nominal*.

Uma das características dos complementos nominais é que eles vêm sempre iniciados por preposição. E, além de completarem substantivos abstratos, como se viu no exemplo anterior (**necessidade**), podem também completar o sentido de *adjetivos* e *advérbios*.

Veja agora o funcionamento dos complementos nominais:

» A compra da casa própria é o sonho dos brasileiros — nesse exemplo, repare que o sujeito da oração é a compra da casa própria, que tem como núcleo a palavra compra. Mas, além desse núcleo, o sujeito apresenta também o termo da casa própria, que completa o sentido do substantivo compra (Compra de quê?). Logo, o termo da casa própria é o *complemento nominal* do substantivo abstrato compra.

» O livro foi útil aos alunos — na frase, o termo aos alunos completa o sentido do adjetivo útil. Note que, sem o termo aos alunos, o sentido da frase fica vago (O livro foi útil a quem? Aos alunos? Aos professores? Aos interessados no assunto?). Assim, fica fácil perceber que o termo aos alunos é um *complemento nominal* do adjetivo útil.

» Ela trabalha perto do aeroporto — nesse caso, o termo do aeroporto completa o sentido de um advérbio; no caso, perto. Note que esse advérbio pede uma complementação (Perto de onde?). Logo, o termo do aeroporto é *complemento nominal* do advérbio perto.

Alguns pronomes também podem desempenhar a função de complemento nominal. É o que acontece com o pronome **lhe** na frase que segue:

Aquele remédio *lhe* **foi prejudicial.**

Nesse caso, a preposição do complemento nominal está implícita no pronome **lhe**, que equivale a **a ele** (**Aquele remédio foi prejudicial a ele**).

CUIDADO

Fique atento para não confundir o *complemento nominal* com o *objeto indireto*. Esses dois termos são iniciados por preposição, mas o *complemento nominal completa o sentido do nome*, que pode ser um *substantivo abstrato*, um *adjetivo* ou um *advérbio*. Já o *objeto indireto completa o sentido do verbo*. A dica, então, é ver se o termo preposicionado está ligado ao nome ou ao verbo. Observe as frases a seguir:

Tenho confiança *em você*.

Confio *em você*.

Note que, na primeira frase, o termo **em você** está completando o sentido do substantivo abstrato **confiança**, e não do verbo **ter** (Confiança em quem? Em você); logo, **em você** nessa frase é *complemento nominal*.

Já na segunda frase, o termo **em você** completa o sentido do verbo **confiar** (Confio em quem? Em você), por isso, nesse caso, o termo **em você** é objeto indireto.

O Agente da Passiva: Um Agente Nada Secreto

O *agente da passiva*, assim como os complementos verbais (objeto direto e objeto indireto), o complemento nominal e o predicativo, é um *termo integrante da oração*. Para você entender exatamente o que

CAPÍTULO 10 **Termos Integrantes da Oração: Uma Ajudinha Extra** 113 é o *agente da passiva*, é importante conhecer as *vozes verbais: ativa, passiva* e *reflexiva*. Por isso, é fundamental entendê-las primeiro.

Você deve ter estranhado a expressão *vozes verbais*. Na verdade, as *vozes verbais* indicam como o *verbo* se relaciona com o *sujeito* da oração. Existem três situações possíveis: *o sujeito pratica a ação* (**O menino quebrou a vidraça**); *o sujeito sofre a ação* (**A vidraça foi quebrada pelo menino**); *o sujeito pratica e sofre a ação* (**Ele se feriu com a faca**).

No primeiro caso, o sujeito (**O menino**) praticou a ação de quebrar. No segundo exemplo, o sujeito (**A vidraça**) sofreu a ação. Já no terceiro caso, o sujeito (**Ele**) praticou e sofreu a ação de ferir, ele feriu a si mesmo.

Assim, temos as três vozes:

>> *Voz ativa* — o sujeito pratica a ação, ou seja, ele é *agente*.

>> *Voz passiva* — o sujeito sofre a ação, ou seja, ele é *paciente*.

>> *Voz reflexiva* — o sujeito pratica e sofre ação, ou seja, o sujeito é, ao mesmo tempo, *agente* e *paciente*.

Dois tipos de voz passiva...

A voz passiva apresenta duas formas: a *analítica* e a *sintética*. Os nomes podem parecer estranhos, mas você, provavelmente, já usou bastante essas construções, só não está ligando o nome à pessoa. Observe como cada uma delas se forma:

>> *Passiva analítica* — esse tipo de passiva é formado por um *verbo auxiliar*, que pode ser o verbo ser ou estar, mais o *particípio do verbo principal* (lembra-se do particípio? Aquela forma nominal do verbo terminada em -do). Veja como fica uma oração na voz passiva analítica:

O material *foi elaborado* **pelo próprio professor.**

Observe que, nessa frase, temos o verbo auxiliar ser (foi) mais o particípio do verbo elaborar (elaborado). Você já deve ter percebido que a voz passiva analítica é sempre formada por uma *locução verbal* (conjunto de verbo auxiliar com um verbo principal).

» *Passiva sintética* — esse tipo de voz passiva é formado pelo *pronome apassivador se*. O pronome se na voz passiva sintética recebe esse nome porque é ele que torna a oração passiva. É o que se vê na oração a seguir:

Aluga-se **casa de praia.**

CUIDADO

É importante lembrar que nem toda oração com o pronome **se** está na voz passiva sintética. A construção com **se** será passiva sintética se o verbo da oração for *transitivo direto* ou *transitivo direto e indireto* e se não houver nenhum sujeito agente. Vale lembrar também que o verbo na passiva sintética pode ficar no singular ou no plural. Tudo vai depender do sujeito. Se o sujeito estiver no singular, o verbo fica no singular (**Aluga-se casa de praia**). Se o sujeito estiver no plural, o verbo também vai para o plural (**Alugam-se casas de praia**).

DICA

Para reconhecer a voz, você deve primeiro identificar o sujeito e ver qual é a relação dele com o verbo: É agente? É paciente? É agente e paciente ao mesmo tempo? No caso das construções com o pronome **se**, fique de olho também no verbo. Lembre-se de que só há voz passiva com verbos que pedem objeto direto, ou seja, verbos transitivos diretos ou transitivos diretos e indiretos.

TESTE

Em que voz verbal estão as orações abaixo?

A. Ele se viu no espelho

B. Os alunos recuperaram o material perdido.

C. O documento foi entregue em mãos.

D. Consertam-se aparelhos eletrônicos e geladeiras.

CAPÍTULO 10 **Termos Integrantes da Oração: Uma Ajudinha Extra** 115

Resposta: Na oração A, a voz é reflexiva, pois o sujeito (**Ele**) pratica a ação de ver e, ao mesmo tempo, é visto por ele mesmo. Na oração B, a voz é ativa, já que o sujeito (os alunos) praticou a ação de recuperar. Já na oração C, a voz é passiva analítica, pois o sujeito (O documento) sofreu a ação de ser entregue. Na oração D, temos um caso de passiva sintética (verbo transitivo direto + pronome apassivador se). Nesse último caso, o sujeito paciente é aparelhos eletrônicos e geladeiras.

Voltando ao agente...

Agora que você já sabe o que são as vozes verbais, vai ficar fácil entender o que é o *agente da passiva*. Como o nome já diz, *agente da passiva* é o termo que age, ou seja, que pratica a ação na voz passiva. Observe a frase:

Dez engenheiros foram contratados *pela construtora.*

O sujeito da oração é o termo **Dez engenheiros**. Esse sujeito sofre a ação representada pelo verbo, ou seja, eles foram contratados, não foram os engenheiros que contrataram; logo, esse sujeito é paciente e a oração está na voz passiva. Mas na oração há um termo que indica quem agiu, quem contratou. Esse termo é **pela construtora**, que, exatamente por isso, é chamado de *agente da passiva*.

Outra característica do agente da passiva, que pode ajudar você a o reconhecer, é que ele vem sempre iniciado por *preposição*. Normalmente a preposição usada é **por** (ou ainda **pelo**, **pela**, **pelos**, **pelas**), mas, às vezes, também pode aparecer a preposição **de**. É o que acontece na frase a seguir:

A professora era estimada de todos.

O termo **de todos** é o agente da passiva, iniciado pela preposição **de**.

CUIDADO

O agente da passiva só aparece na voz passiva analítica e, mesmo nesse tipo de passiva, nem sempre ele está presente na oração.

Os Termos Integrantes e a Pontuação

Como você já viu, os complementos verbais e nominais completam o sentido de verbos e nomes, formando um todo significativo. E, exatamente por isso, essa relação não deve ser interrompida por qualquer sinal de pontuação, mesmo que os complementos estejam fora de sua ordem habitual. As frases a seguir confirmam isso:

A prefeitura distribuiu folhetos informativos aos moradores da região.

Aos moradores da região a prefeitura distribuiu folhetos informativos.

Ele tinha aversão a qualquer trabalho.

A qualquer trabalho ele tinha aversão.

Repare que não há vírgulas ou qualquer outro sinal de pontuação separando o *objeto direto* (**folhetos informativos**) e o *objeto indireto* (**aos moradores da região**) do verbo. Mesmo a mudança de posição do objeto indireto (**aos moradores da região**) para o início da oração no segundo exemplo não é marcada por vírgula.

O *complemento nominal* (**a qualquer trabalho**) mantém o mesmo comportamento: não é separado por vírgula, ainda que esteja antecipado ao nome que complementa.

Vale lembrar que o agente da passiva também não se separa por vírgula da locução verbal a que se liga.

Pontuando complementos com mais de um núcleo

Os complementos verbais e nominais, do mesmo modo que o sujeito composto, podem apresentar mais de um núcleo. Nesse caso, a pontuação é a mesma do sujeito composto: usa-se a vírgula para separar os núcleos e, quando o último desses núcleos é iniciado pelas conjunções **e**, **ou** ou **nem**, não há vírgula.

Comprou *lápis*, *borracha*, *caneta* e *cadernos* para os alunos novos.

Observe que os núcleos do objeto direto estão separados por vírgula.

Pontuando termos intercalados

As intercalações são sempre marcadas por vírgulas, e com os termos integrantes não é diferente. Isso significa que os termos intercalados entre um verbo ou um nome e seus complementos vêm sempre isolados por vírgulas:

Observe, *caro leitor*, o emprego das vírgulas.

Note que a expressão **caro leitor** está intercalada entre o verbo e seu complemento. Assim, é indispensável que se coloque uma vírgula antes e outra depois do termo intercalado.

NESTE CAPÍTULO

» Apresentando os termos acessórios da oração

» Definindo os termos acessórios da oração: adjunto adnominal, adjunto adverbial e aposto

» Conhecendo os tipos de adjunto adverbial

» Classificando os apostos

Capítulo **11**

Termos Acessórios da Oração: Detalhes que Fazem Diferença

ocê, com certeza, já deve ter comprado algum item (uma bijuteria, uma bolsa, um chapéu, um cachecol, uma gravata etc.) para dar uma incrementada no visual, deixando-o mais caprichado. No mundo da moda, esses itens recebem o nome de acessórios e servem para enfeitar as roupas. Eles não são indispensáveis, mas dão um charme ao visual.

Os *termos acessórios* da sintaxe não são muito diferentes: são aqueles termos que se juntam a um verbo ou a um nome para deixar o sentido mais detalhado, mais preciso. Da mesma maneira que os acessórios da moda, os termos acessórios da oração não são fundamentais, obrigatórios ao entendimento do enunciado (não é à toa que recebem esse nome), mas ajudam a deixar a informação mais clara e precisa.

Na gramática do português, os *termos acessórios* são o *adjunto adnominal*, o *adjunto adverbial* e o *aposto*. Você vai os conhecer melhor a partir de agora.

Adjunto Adnominal:
Junto, Junto, Junto do Nome

O nome dessa função sintática (*adjunto adnominal*) já diz tudo: o prefixo **ad-** quer dizer **junto**, a palavra **junto** significa **junto**, é óbvio. E ainda existe mais um **ad-**, que também significa **junto**, na palavra **adnominal**. Mas junto de quê? Do nome, é claro (a palavra **nominal** mostra isso). Isso quer dizer que a brincadeira do título (junto, junto, junto do nome) tem um fundo de verdade.

O *adjunto adnominal* está sempre ligado ao *substantivo* e serve para caracterizar ou determinar esse substantivo. Observe o exemplo abaixo e aprenda a identificar os adjuntos adnominais:

> *Aquele excelente* **livro** *de português* **está esgotado.**

Nessa oração, o termo **Aquele excelente livro de português** é o sujeito. O núcleo desse sujeito, ou seja, a palavra mais importante do sujeito, é o substantivo **livro**. Mas, além do núcleo, existem outras palavras nesse sujeito, que servem para caracterizar o substantivo **livro**. São elas: **Aquele**, **excelente** e **de português**, ou seja, essa frase não fala de qualquer livro, mas de um livro **de português** que é **excelente**. Logo, os termos **Aquele**, **excelente** e **de português** são *adjuntos adnominais*.

Mas não é só o núcleo do sujeito que pode vir acompanhado de adjuntos adnominais. Em qualquer ponto da oração em que apareça

120   PARTE 2 **Análise Sintática. Sem Medo!**

um substantivo, podem aparecer adjuntos adnominais. É o que se vê na frase a seguir:

Comprei *duas* **sandálias** *novas.*

Os adjuntos adnominais **duas** e **novas** acompanham o substantivo **sandálias**, que é o núcleo do objeto direto.

Talvez você esteja se perguntando por que o termo **esgotado**, na frase **Aquele excelente livro de português está esgotado**, não é também um adjunto adnominal, já que se refere ao substantivo **livro**. A resposta é simples: o termo **esgotado** não é adjunto adnominal simplesmente porque não está junto do substantivo **livro**. Repare que o termo **esgotado** está separado do substantivo **livro** pelo verbo (**está**). Assim, o termo **esgotado** não é adjunto adnominal, e sim predicativo.

As classes de palavras e os adjuntos adnominais

Só algumas classes de palavras podem funcionar como adjuntos adnominais. São justamente aquelas classes que se ligam ao substantivo.

Se você não se lembra delas, dê uma olhadinha no Capítulo 2, em que você foi apresentado às classes dependentes do substantivo. Vamos lá, sem preguiça, basta voltar alguns capítulos. Lembre-se de que recordar, no nosso caso, é aprender!

Você já deve ter percebido, então, que as classes de palavras que podem funcionar como adjunto adnominal são:

» *Artigo* — *O* resultado foi excelente. Aliás, os artigos são sempre adjuntos adnominais.

» *Adjetivo* — Políticos ***corruptos*** merecem cadeia.

» *Numeral* — ***Dois*** alunos chegaram cedo.

CAPÍTULO 11 **Termos Acessórios da Oração: Detalhes que Fazem...** 121

» *Pronome adjetivo — **Meu** carro enguiçou.*

» *Locução adjetiva — Cidades **do interior** são tranquilas.*

Adjunto Adverbial: Em Que Circunstâncias Ele Aparece?

O adjunto adverbial é outro termo acessório da oração. Como o nome já diz, o *adjunto adverbial* está ligado ao *verbo*, mas também pode modificar o *adjetivo* ou o *advérbio*. E para que servem os adjuntos adverbiais?

Bem, o papel principal dos adjuntos adverbiais é *indicar as circunstâncias* (tempo, modo, lugar, causa, companhia, instrumento etc.) dos verbos ou *intensificar* um verbo, um adjetivo ou ainda um advérbio. Calma, o número de circunstâncias é grande, mas identificar cada uma delas não é nenhum bicho de sete cabeças.

Os exemplos abaixo mostram algumas circunstâncias que o adjunto adverbial pode indicar:

» **Hoje** recebi uma ótima notícia — o termo Hoje indica o tempo em que ocorre a ação de receber. Logo, é um adjunto adverbial de *tempo*.

» Leu **atentamente** o documento — o termo atentamente mostra o modo como o documento foi lido. É, por isso, um adjunto adverbial de *modo*.

» **No sul**, faz muito frio — observe que, nesse exemplo, o adjunto adverbial vem representado pela locução No sul, que indica lugar. Lembra-se das locuções? São duas ou mais palavras que funcionam como uma unidade. Nesse caso, o termo No sul é adjunto adverbial de *lugar*.

CUIDADO O adjunto adverbial é uma função sintática desempenhada sempre por um advérbio ou locução adverbial, ou seja, *a função sintática de um advérbio ou de uma locução adverbial é sempre adjunto adverbial.*

O Aposto: Pode Ir Se Explicando...

Você já deve ter ouvido falar do *aposto*. Se não ouviu, com certeza já usou um para explicar melhor outro termo. Quando falamos ou escrevemos, sentimos necessidade, muitas vezes, de dar maiores explicações sobre certos termos. E o aposto serve justamente para isso: *explicar*, *enumerar*, *resumir* ou *especificar* a ideia contida em outro termo da oração.

Normalmente, o aposto vem separado por vírgulas do termo que ele está explicando, mas também pode vir separado por dois-pontos ou travessões. Outra característica do aposto é que seu núcleo, ou seja, a palavra mais importante do aposto, é sempre um *substantivo*, um *pronome substantivo* ou uma *palavra substantivada*, e ele também se refere a um *substantivo*, *pronome substantivo* ou *palavra substantivada*. Observe nas frases abaixo para que servem os apostos:

- » Itu, **cidade paulista**, é famosa pelos exageros — nessa frase, o aposto é cidade paulista, expressão que serve para explicar onde fica a cidade de Itu.

- » Na última viagem, ela conheceu vários países: **Espanha, França, Itália, Portugal** — já nesse caso, o aposto Espanha, França, Itália, Portugal serve para fazer uma enumeração dos países que foram conhecidos.

- » Joias, dinheiro, imóveis, **nada** lhe interessava — aqui o aposto nada faz uma espécie de resumo do que foi apresentado anteriormente.

Assim, de acordo com a utilidade que tem na frase, o aposto recebe diferentes classificações: *explicativo*, *enumerativo* e *resumitivo* ou *recapitulativo*, dependendo do papel que tiver na frase. Nos exemplos acima, podemos classificar os apostos da seguinte maneira: **cidade paulista** (aposto explicativo), **Espanha, França, Itália, Portugal** (aposto enumerativo) e **nada** (aposto resumitivo).

Além desses apostos que você acabou de conhecer, há também o *aposto especificativo*, que, ao contrário dos outros, não vem marcado por nenhum sinal de pontuação. Esse tipo de aposto serve para individualizar, nomear o substantivo ao qual o aposto se refere. É o que se vê na frase a seguir:

O mês *de maio* **é dedicado às mães.**

O termo **de maio** serve para especificar o sentido do substantivo **mês**, por isso esse termo é chamado de *aposto especificativo*.

LEMBRE-SE

O aposto pode explicar, enumerar, resumir ou especificar a ideia contida em qualquer termo da oração; isso quer dizer que podemos ter aposto do sujeito, objeto direto, objeto indireto, enfim, de qualquer outra função sintática que tenha como núcleo um substantivo, até mesmo de outro aposto. Veja só um aposto de outro aposto na frase abaixo:

Encontrei ontem Maria, *filha de Augusta, uma grande amiga de infância.*

Repare que nessa oração existem dois apostos (**filha de Augusta** e **uma grande amiga de infância**). O primeiro deles (**filha de Augusta**) explica o termo **Maria**, que é o objeto direto. Já o segundo aposto (**uma grande amiga de infância**) explica o termo **Augusta**, que é parte do aposto anterior. Isso mesmo: é o aposto do aposto.

Os Termos Acessórios e a Pontuação

Agora que você já foi apresentado aos termos acessórios da oração, vai saber como eles se comportam em relação à pontuação.

Os *adjuntos adnominais* não devem nunca ser separados dos substantivos a que se referem, pois, juntos, eles formam um único bloco sintático. Na verdade, o adjunto adnominal é sempre parte de um outro termo sintático que tem como núcleo um substantivo e exatamente por isso não deve ser separado dele por nenhum sinal de pontuação. Veja o exemplo:

Aquele belo **quadro** *de Portinari* **foi leiloado ontem.**

Os adjuntos adnominais **Aquele**, **belo** e **de Portinari** formam com o substantivo a que se ligam (**quadro**) um único bloco sintático, que desempenha a função de sujeito.

Os *adjuntos adverbiais*, por sua vez, quando antepostos ou intercalados, devem ser separados por vírgulas. É o que se vê nos exemplos a seguir, em que o adjunto adverbial **com a chegada do verão** vem marcado por vírgulas:

Com a chegada do verão, **a venda de condicionadores de ar aumenta significativamente.**

A venda de condicionadores de ar, *com a chegada do verão*, **aumenta significativamente.**

Vale lembrar que os adjuntos adverbiais de pequena extensão, como **hoje**, **ontem**, entre outros, dispensam a vírgula.

CUIDADO Os adjuntos adverbiais, quando estão na posição mais habitual, ou seja, depois dos verbos e seus complementos, podem ou não se separar por vírgulas. Assim, as duas construções abaixo são possíveis:

A venda de condicionadores de ar aumenta significativamente *com a chegada do verão.*

A venda de condicionadores de ar aumenta, significativamente, *com a chegada do verão.*

Já os apostos são sempre separados dos termos a que se referem por vírgulas ou dois-pontos. A única exceção são os especificativos.

Miguel, *aluno do primeiro ano,* **fez uma excelente apresentação.**

Nasceram os gêmeos: *Antônio* e *Henrique.*

No primeiro exemplo, o aposto explicativo **aluno do primeiro ano** está separado por vírgulas do termo a que se refere (**Miguel**). Já no segundo exemplo, o aposto enumerativo **Antônio** e **Henrique** está separado por dois-pontos do termo **gêmeos**.

O Vocativo: Esse Gosta de Chamar Atenção

Querendo chamar ou atrair a atenção de alguém? Simples, use um *vocativo*. O vocativo é um termo independente, que não faz parte nem do sujeito nem do predicado, e serve justamente para isto: chamar a atenção do seu interlocutor.

Para sua sorte, **caro leitor** (olha o vocativo aí), é fácil reconhecer o vocativo. Ele tem sempre como núcleo um substantivo, pronome, numeral substantivo ou qualquer palavra substantivada.

Além disso, o vocativo vem sempre isolado por algum sinal de pontuação, normalmente a vírgula.

CUIDADO

As vírgulas que acompanham o vocativo fazem toda a diferença para o sentido da frase. Observe a frase a seguir:

Maria, **assistiu ao filme ontem?**

A presença da vírgula indica que o termo **Maria** é o vocativo, deixando claro que Maria é a pessoa com quem se fala. Já sem a vírgula (**Maria assistiu ao filme ontem**), Maria não é mais a pessoa com quem se fala, e sim de quem se fala. Nesse último caso, **Maria** é o sujeito da oração.

3

O Período, Composto de quê?

NESTA PARTE . . .

Vamos continuar a tratar de sintaxe, mas agora isso não é mais um problema, já que, depois de ler a Parte 2, você com certeza perdeu o medo da sintaxe. Na Parte 2, você aprendeu a reconhecer as funções sintáticas no período simples. Agora, é a vez do período composto. Nesta parte, você vai ser apresentado aos processos sintáticos de coordenação e subordinação, e também vai conhecer os tipos de orações coordenadas e subordinadas. Ao terminar de ler esta parte, você vai perceber que a sintaxe não é nenhum bicho de sete cabeças.

NESTE CAPÍTULO

» Aprendendo a identificar as orações do período composto

» Definindo os processos de coordenação e subordinação

» Diferenciando coordenação e subordinação

» Conhecendo os tipos de orações coordenadas

Capítulo **12**

Unindo Orações: Coordenação e Subordinação

No Capítulo 8, você aprendeu que o período composto é aquele formado por duas ou mais orações. Agora, é hora de saber como as orações que formam os períodos compostos se relacionam. Na verdade, existem dois processos sintáticos básicos de união de orações em um período composto: *coordenação* e *subordinação*. Assim, respondendo à pergunta do título: o período pode ser composto de orações coordenadas e/ou subordinadas. Neste capítulo, você vai conhecer esses dois processos e vai aprender também a diferenciar um do outro. Além disso, vai ser apresentado aos diferentes tipos de orações coordenadas. Mãos à obra!

Dividindo o Período Composto em Orações

Antes de conhecer as orações que formam o período composto, você precisa identificar cada uma dessas orações; isto é, precisa saber onde acaba uma e começa a outra. Fazer isso não é complicado, mas vale a pena você dar uma olhadinha nas etapas abaixo, que vão tornar essa tarefa ainda mais fácil:

» Em primeiro lugar, *sublinhe os verbos* e as locuções verbais presentes no período.

» Em seguida, *localize os conectivos*. Os conectivos são aquelas palavrinhas que estabelecem conexão, ou seja, ligação entre as orações. Podem ser conjunções, preposições ou pronomes relativos. Na falta de conectivos fique de olho nas vírgulas, nos pontos e vírgulas e nas formas nominais dos verbos (gerúndio, infinitivo e particípio).

» Agora, *faça a divisão*, lembrando que cada oração apresenta um verbo ou locução verbal. Observe também que a divisão é feita antes dos conectivos ou nos sinais de pontuação.

Vamos ver agora na prática como fica a divisão do período abaixo em orações:

Quando *amanheceu*, *percebemos* **que** *tinha chovido* **muito à noite, logo** *desmarcamos* **o passeio.**

No período acima, foram destacadas as seguintes formas verbais: **amanheceu**, **percebemos**, **tinha chovido** e **desmarcamos**. Isso mostra que há quatro orações no período. A seguir, partindo do princípio de que a divisão das orações se faz antes dos conectivos ou nos sinais de pontuação, fica claro que o período se divide da seguinte forma:

[Quando amanheceu],[percebemos] [que tinha chovido muito à noite];[logo, desmarcamos o passeio].

Essa divisão é muito útil para você reconhecer o tipo de ligação (coordenação ou subordinação) que ocorre entre as orações.

Coordenação e Subordinação: Formas de Ligar Orações

Provavelmente, você já ouviu falar em orações coordenadas e subordinadas. Mas, antes de tratar dessas orações, é muito importante saber exatamente o que é *coordenação* e *subordinação*. Na verdade, esses são os dois processos básicos para relacionar as orações em um período composto; ou seja, quando unimos duas orações em um período composto, podemos optar pela coordenação ou pela subordinação, que são exatamente os dois processos sintáticos de união de orações em um período composto.

Para você ter uma ideia mais clara desses processos, imagine duas pessoas caminhando juntas: elas podem caminhar abraçadas, de mãos dadas ou simplesmente lado a lado, sem que uma entre em contato com a outra. Se estão de mãos dadas ou abraçadas, a dependência entre elas é maior, ou seja, o que acontece com uma afeta a outra; se estiverem apenas lado a lado, a liberdade é maior. Com a coordenação e a subordinação é mais ou menos isso que acontece, é uma questão de haver ou não dependência entre as orações.

Na *coordenação*, por exemplo, as *orações* são *independentes* do ponto de vista sintático, ou seja, a estrutura de uma oração não interfere na estrutura da outra. Se, por acaso, afastarmos uma oração coordenada de outra à qual ela se liga, nenhuma delas ficará com a estrutura prejudicada. Note como isso acontece:

> **José entregou o livro à Maria e ela o devolveu à biblioteca em seguida.**

O período acima é um período composto, já que é formado por duas orações: a oração do verbo **entregar** (**José entregou o livro à Maria)** e a oração do verbo **devolver** (**e ela o devolveu à biblioteca em**

seguida). A primeira oração tem a estrutura formada pelos seguintes elementos ou termos:

José	entregou	o livro	à Maria
sujeito	verbo transitivo direto e indireto	objeto direto	objeto indireto

Já a segunda oração apresenta a seguinte estrutura:

Ela	o	devolveu	à biblioteca	em seguida
sujeito	objeto direto	verbo transitivo direto e indireto	objeto indireto	adjunto adverbial de tempo

Repare que a estrutura de uma oração não interfere na da outra, elas são independentes. Se isolarmos uma da outra não há prejuízo para a estrutura de uma ou outra, por isso dizemos que esse período é composto por *coordenação* e que essas orações são coordenadas.

Você pode até dizer que o sentido da segunda oração fica comprometido sem a primeira, já que não é possível saber a que termo o pronome **o** (**o** devolveu) se refere. Realmente, o sentido pode ficar comprometido, pois não saberemos que o pronome **o** está se referindo ao termo **livro**, mas a estrutura não é afetada, e é isso que importa quando se fala de coordenação e subordinação.

Já com a *subordinação* a história é outra. Nela, as orações são dependentes sintaticamente. E o que isso significa? Bem, isso indica que a oração subordinada é parte da estrutura da outra, chamada de principal. Por isso, se isolarmos uma da outra, elas ficam com a estrutura prejudicada, para não dizer incompleta, truncada mesmo. Dê uma olhada no exemplo a seguir:

Ele disse que choverá mais tarde.

Você deve ter percebido que esse também é um período composto por duas orações: há a oração do verbo **dizer** (**Ele disse**) e a do verbo **chover** (**que choverá mais tarde**), mas, nesse caso, o período é composto por subordinação, pois as orações são dependentes sintaticamente.

132   PARTE 3   **O Período, Composto de Quê?**

Se você observar com atenção, vai notar que a primeira oração (**Ele disse**) apresenta um verbo *transitivo direto* (dizer), isto é, um verbo que pede complemento sem o auxílio de preposição, o *objeto direto* (quem diz, diz alguma coisa). Mas note que esse complemento verbal não está dentro da primeira oração. Isso fica bem claro quando se faz a pergunta para identificar o *objeto direto* (Ele disse o quê?). A resposta é **que choverá mais tarde**, ou seja, o objeto direto do verbo dizer é uma oração inteira. A oração **que choverá mais tarde** é, assim, uma parte integrante da oração anterior (**Ele disse**).

Esse exemplo mostra bem o que é a dependência sintática, ou seja, uma oração inteira é um elemento da estrutura sintática de outra, ou, em outras palavras, é um termo sintático da outra. Repare que se nós separarmos uma oração da outra elas ficarão com sua estrutura prejudicada: a primeira, nesse caso, ficará sem o objeto direto e a segunda não apresentará o verbo transitivo direto, que exigiu o objeto direto. Assim, na *subordinação, uma oração desempenha uma função sintática em relação à outra*, ou seja, a oração subordinada pode ser *sujeito, objeto, predicativo, adjunto adnominal, adjunto adverbial*, entre outras funções, de outra oração.

No *período composto por coordenação*, as orações são chamadas de *orações coordenadas*. Elas têm o mesmo valor. Já no *período composto por subordinação*, uma oração é *subordinada* e a outra é chamada de *principal*, ou seja, os valores são diferentes. A subordinada é aquela que desempenha uma função sintática na outra, chamada de principal; já a principal, por sua vez, é aquela que exige a subordinada.

Assim, no período acima, **Ele disse que choverá mais tarde**, a oração subordinada é **que choverá mais tarde**, pois essa oração desempenha a função sintática de objeto direto em relação à anterior. A oração **Ele disse** recebe o nome de *oração principal*, pois ela exigiu a outra; é ela que, nesse exemplo, contém o verbo transitivo direto que pediu o complemento.

Orações Coordenadas: As Independentes

A coordenação entre duas orações pode ser feita de duas maneiras. Na primeira delas, as orações estão simplesmente colocadas lado a lado, sem qualquer elemento de ligação, ou seja, sem a presença de conjunção. As orações estão simplesmente justapostas. É o que se vê no período que segue:

Maria trabalha, João estuda.

Repare que, entre a primeira oração, **Maria trabalha**, e a segunda, **João estuda**, não há nenhuma conjunção, apenas um sinal de pontuação. Nesse caso, as orações são chamadas de *coordenadas assindéticas*.

Mas as orações coordenadas também podem estar ligadas por uma conjunção. É o que acontece no período abaixo:

Maria trabalha, mas não estuda.

Note que as orações estão ligadas pela conjunção **mas**. Nesse caso, a primeira oração, **Maria trabalha**, é chamada de *oração coordenada assindética* e a segunda, **mas não estuda**, que carrega a conjunção, é chamada de *coordenada sindética*.

Orações coordenadas sindéticas

A partir de agora, você vai conhecer as orações coordenadas sindéticas e vai logo perceber que são classificadas de acordo com o valor semântico, ou seja, com o sentido das conjunções que as introduzem. São cinco tipos de orações coordenadas sindéticas: *aditivas*, *adversativas*, *alternativas*, *conclusivas* e *explicativas*. Assim, as conjunções que encabeçam cada uma dessas orações recebem os nomes de *conjunções coordenativas aditivas*, *conjunções coordenativas adversativas*, *conjunções coordenativas alternativas*, *conjunções coordenativas conclusivas* e *conjunções coordenativas explicativas*.

A Tabela 12–1 mostra os diferentes sentidos que as conjunções coordenativas expressam:

TABELA 12–1 Conjunções coordenativas

Conjunção	Sentido	Exemplos
Aditiva	acréscimo, adição	e, nem, não só... mas também
Adversativa	oposição, contraste	mas, porém, contudo, todavia, no entanto
Alternativa	alternância, escolha, exclusão	ou... ou, ora... ora, quer... quer
Conclusiva	conclusão, resultado	logo, portanto, pois, de modo que
Explicativa	explicação, justificativa	pois, porque, que

Classificando as orações coordenadas sindéticas

Agora que você já conhece as conjunções coordenativas, vai ser fácil reconhecer as orações coordenadas sindéticas. Venha conferir!

Aditivas: Acrescentar é com elas

As *orações coordenadas aditivas* acrescentam um fato ou uma ideia à oração anterior. A mais famosa das conjunções que iniciam as orações aditivas é o **e**, contudo, exatamente por isso, essa conjunção perdeu muito de sua força de sentido. Por esse motivo, essa conjunção é usada para expressar outros sentidos e recebe outras classificações. É o que se vê na frase seguinte:

Come muito *e* não engorda.

Observe que a ideia presente entre as orações é de oposição.

CAPÍTULO 12 **Unindo Orações: Coordenação e Subordinação** 135

Além da conjunção **e**, o par **não só... mas também** apresenta ideia de adição. Veja o emprego dessas duas conjunções:

Ele canta *e* dança.

Ele *não só* canta, *mas também* dança.

Você deve ter percebido que, com o par **não só... mas também**, há maior ênfase na ideia de adição, principalmente para a segunda oração.

Além dessas conjunções aditivas, há também a conjunção **nem**, que equivale a **e não**, como se vê no exemplo abaixo:

Não comeu *nem* bebeu nada durante a festa.

Adversativas: Elas gostam de contrariar

É isso mesmo que as *orações adversativas* fazem: indicam *oposição*, *contraste*, ou seja, essas orações apresentam uma ideia oposta ao que é dito na oração coordenada anterior.

A conjunção coordenativa típica é o **mas**. Além dela, as conjunções **contudo**, **entretanto**, **porém**, **todavia** e as locuções **no entanto** ou **não obstante** também são adversativas. Essa última acaba sendo usada em situações mais formais de comunicação, principalmente na língua escrita. A seguir, estão alguns exemplos de conjunções coordenativas:

Come muito, *porém* não engorda.

Saiu bem cedo; *contudo*, chegou atrasado.

Note que as conjunções coordenativas adversativas são usadas para indicar uma quebra da relação lógica. É o que se vê nos exemplos acima: normalmente, **quem come muito, engorda** ou **quem sai cedo, não se atrasa**. Como a expectativa foi quebrada, foram usadas as conjunções adversativas.

Alternativas: As campeãs do revezamento

A palavra **alternativa** vem do verbo **alternar**, que significa substituir regularmente, revezar. Assim, as *orações alternativas* expressam fatos ou ideias que se excluem mutuamente. Por exemplo, se eu digo: "**Ora chove, ora faz sol**", isso significa que as ações de **chover** e **fazer sol** não acontecem ao mesmo tempo, elas vão se substituindo, ou seja, uma ação exclui a outra.

A conjunção alternativa típica é **ou**. Além dela, os pares **ora... ora**, que você viu no exemplo, **já... já**, **quer... quer**, **seja... seja** também indicam alternância. Veja mais um exemplo de oração coordenada alternativa:

Fale agora *ou cale-se para sempre.*

Conclusivas: Enfim, a conclusão

O nome já diz tudo, não é? As palavras **concluir**, **conclusão** e **conclusiva** pertencem à mesma família, assim, fica claro que as *orações coordenadas conclusivas* expressam a ideia de *conclusão*, de resultado em relação aos fatos ou aos conceitos apresentados na oração anterior. **Logo**, **portanto**, **pois** são algumas das conjunções conclusivas que costumamos empregar bastante, mas, além delas, as locuções **por isso**, **por conseguinte**, **de modo que**, **em vista disso** também têm o mesmo valor conclusivo. Observe o período:

Estudou muito, *logo* **será aprovado.**

O resultado de **ter estudado muito** é ser aprovado.

CUIDADO

Além de conclusiva, a conjunção **pois** pode ser também explicativa e até subordinativa causal, como você vai ver mais adiante quando tratarmos das orações subordinadas. Você deve estar se perguntando como vai reconhecer o valor do **pois**, já que ele pode ter muitas classificações. Bem, fique atento que o **pois** só será uma conjunção coordenativa

CAPÍTULO 12 **Unindo Orações: Coordenação e Subordinação**

conclusiva quando vier depois do verbo. É o que acontece no exemplo abaixo: a conjunção conclusiva **pois** está após o verbo **merecer** (**merece**). Repare que, nesses casos, o **pois** vem entre vírgulas:

Pedro é um ótimo profissional; merece, *pois*, **uma promoção.**

Explicativas: Elas explicam tim-tim por tim-tim

As *explicativas* são as orações que apresentam o motivo, a justificativa daquilo que foi dito na oração anterior. Normalmente, depois de darmos uma ordem apresentamos uma justificativa. É o que se vê no exemplo:

Fale baixo, *que* **todos já estão dormindo.**

A ordem de **falar baixo** é seguida de uma justificativa: **todos já estão dormindo**.

Mas não só as ordens vêm seguidas de explicação. Às vezes, depois de uma suposição, é comum apresentarmos uma justificativa para aquilo que supomos ter acontecido. É o que acontece no exemplo seguinte:

Maria chorou, *pois* **seus olhos estão vermelhos.**

Note que os olhos vermelhos de Maria é que justificam, explicam a suposição de que ela chorou.

As conjunções coordenativas explicativas mais comuns são: **porque**, **que** e **pois**.

LEMBRE-SE

O **pois** explicativo vem antes do verbo da oração da qual ele faz parte. Veja o exemplo:

Durma, *pois* **já é tarde.**

CUIDADO

Tome cuidado para não confundir *explicação* com *causa*. A explicação é sempre posterior à ideia apresentada na oração assindética, ou seja, depois da ordem ou da suposição vem a explicação. Já a causa é sempre anterior ao fato apresentado na oração principal. Veja o exemplo:

Choveu de madrugada, pois as ruas estão molhadas.

Note que primeiro choveu e depois é que as ruas ficaram molhadas. As ruas estarem molhadas é a explicação para a afirmação **Choveu de madrugada**. Logo, a oração **pois as ruas estão molhadas** é uma oração coordenada explicativa. Aliás, não faz nenhum sentido achar que as ruas molhadas são a causa da chuva.

> » Cheguei atrasado, pois o carro enguiçou. Já nesse exemplo, o fato de o carro enguiçar aconteceu antes da ação de chegar atrasado. Assim, a oração pois o carro enguiçou é uma *oração subordinada adverbial causal*.

As Orações Coordenadas e a Pontuação

Agora que você já conhece as orações coordenadas, vai saber como fica a pontuação em um período composto por coordenação.

O princípio básico da pontuação de períodos compostos por coordenação é o seguinte:

> » As orações coordenadas assindéticas e sindéticas são separadas umas das outras por vírgula, com exceção das sindéticas iniciadas pela conjunção e.

CAPÍTULO 12 **Unindo Orações: Coordenação e Subordinação** 139

Há, no entanto, casos de pontuação das coordenadas que merecem uma atenção especial. Veja quais são eles:

Orações iniciadas pela conjunção e

Normalmente não se usa vírgula antes da conjunção **e**, mas há situações em que a vírgula pode ser empregada. Veja quais são elas:

>> Quando os sujeitos das orações unidas por e forem diferentes.

Ele saiu discretamente, e sua família foi logo em seguida.

Note que os sujeitos das orações unidas pela conjunção **e** são diferentes: o sujeito da primeira oração é **Ele** e o da segunda é **sua família**, o que justifica o emprego da vírgula antes do **e**.

>> Quando a conjunção e é repetida, iniciando várias orações de uma sequência.

Ele ia, e voltava, e ia de novo, e deixava todos.

A construção acima não é muito comum, mas, se você quiser escrever algo do tipo, trate de não esquecer as vírgulas.

Orações Subordinadas: As Submissas

Agora que você já sabe diferenciar coordenação de subordinação e já conhece os tipos de orações coordenadas, é hora das orações subordinadas.

Como você já viu, as orações subordinadas desempenham uma função sintática em outra oração, a chamada oração principal; ou seja, a oração subordinada é um elemento, um termo que completa a estrutura da oração principal. Na verdade, a oração subordinada se encaixa na principal. Sendo assim, uma oração subordinada pode desempenhar diferentes funções sintáticas em relação à principal. Pode ser, por exemplo, *sujeito, objeto direto, objeto indireto, predicativo, adjunto adnominal, adjunto adverbial* etc. E dependendo da função sintática da subordinada, ela pode ser classificada como *oração subordinada substantiva, oração subordinada adjetiva* ou *oração subordinada adverbial.*

E por que as orações subordinadas se dividem nestes três grupos: *substantivas, adjetivas* e *adverbiais*? Na verdade, isso está intimamente ligado à função que a oração subordinada tem em relação à principal. Observe os exemplos abaixo e tudo vai ficar fácil de compreender:

A polícia reconheceu a gravidade do caso.

O período acima é um *período simples*, pois é formado por uma única oração, que, por isso, recebe o nome de *oração absoluta*. Nessa oração, o sujeito é **a polícia** e o termo **a gravidade do caso** funciona como objeto direto do verbo **reconhecer**.

Mas esse período simples pode ser transformado em um período composto, da seguinte maneira:

A polícia reconheceu que o caso era grave.

Observe que, agora, há duas orações no período: **A polícia reconheceu** e **que o caso era grave.**

Essa transformação de período simples em composto foi possível porque o objeto direto **a gravidade do caso** deixou de ser um simples termo e passou a ser uma oração subordinada.

Mas que tipo de subordinada essa oração seria? Substantiva? Adjetiva? Adverbial? Não é difícil chegar a essa resposta se observarmos o objeto direto **a gravidade do caso**. O núcleo desse objeto direto é o substantivo **gravidade**. Aliás, todo objeto direto tem como núcleo um substantivo, um pronome substantivo ou uma palavra substantivada. (Lembra-se disso? Se sua memória anda curta, dê uma olhada no Capítulo 10.) Assim, a oração **que o caso era grave** assumiu uma

CAPÍTULO 12 **Unindo Orações: Coordenação e Subordinação** 141

função sintática que é própria dos substantivos, objeto direto. Por esse motivo, a oração **que o caso era grave** é uma oração subordinada substantiva, pois desempenha uma função sintática própria dos substantivos.

Talvez você esteja se perguntando se apenas as orações que funcionam como objeto direto são substantivas. Não, nada disso. Serão substantivas todas as orações que desempenharem funções que tenham como núcleo um substantivo. Assim, serão substantivas as orações subordinadas que tiverem as seguintes funções: *sujeito, objeto direto, objeto indireto, complemento nominal, predicativo* e *aposto*.

E as adjetivas? Qual é a função sintática desempenhada por essas orações? Como você viu no Capítulo 5, o papel principal dos adjetivos é caracterizar os substantivos; ou seja, serão adjetivas todas as orações subordinadas que funcionarem como adjunto adnominal. Veja agora como identificar as orações subordinadas adjetivas:

Durante anos, morei no prédio da esquina.

O período anterior, como você pode notar, é simples. Dentre os elementos que formam a oração, há o adjunto adnominal **da esquina,** que serve para caracterizar o substantivo **prédio**. Imagine agora que esse adjunto adnominal se transforme em oração. O período ficaria mais ou menos assim:

Durante anos, morei no prédio que ficava naquela esquina.

Repare que a oração **que ficava naquela esquina** está fazendo exatamente o que o adjunto adnominal **da esquina** faz no período simples, isto é, essa oração também caracteriza o substantivo **prédio**. Portanto, se a oração **que ficava naquela esquina** se comporta como um adjetivo, funcionando como adjunto adnominal, ela é uma *oração subordinada adjetiva*. Faz sentido, não é?

Resta agora falar das orações adverbiais. As subordinadas adverbiais recebem esse nome porque se comportam como os advérbios. Isso quer dizer que tais orações funcionam sempre como adjuntos adverbiais, expressando circunstâncias bem diversas (causa, condição, tempo, entre outras).

Para compreender melhor como funcionam as orações adverbiais, compare os dois períodos abaixo:

Saí de casa bem cedo.

Saí de casa quando amanheceu.

Como você pode notar, o primeiro período é simples. Nele, há dois adjuntos adverbiais: um deles indica circunstância de lugar (**de casa**) e outro de tempo (**bem cedo**).

Já o segundo é composto por duas orações: **Saí de casa** e **quando amanheceu**. Mas observe que, no período composto, também há uma circunstância de tempo (**quando amanheceu**). Note que tanto a expressão **bem cedo**, do primeiro período, quanto a oração **quando amanheceu** indicam o momento em que a ação de sair aconteceu. Logo, se a oração **quando amanheceu** equivale a um adjunto adverbial de tempo, ela é uma *oração subordinada adverbial*.

Resumindo:

» A oração subordinada é *substantiva* quando desempenha funções sintáticas próprias dos substantivos, ou seja, aquelas funções que têm como núcleo um substantivo.

» A oração subordinada é *adjetiva* quando funciona como adjunto adnominal de um termo de base substantiva da oração principal.

» A oração subordinada é *adverbial* quando exerce a função de advérbio da oração principal, indicando uma circunstância.

Coordenação e subordinação no mesmo período?

Isso pode acontecer, sim. A coordenação e a subordinação podem aparecer no mesmo período. Nesse caso, o período é composto por coordenação e subordinação. É o que acontece no período abaixo:

Notei que começava a chover e peguei um táxi.

No período, há três orações: **Notei que começava a chover** e **peguei um táxi**.

A oração **notei** tem como objeto direto a oração **que começava a chover** (Notei o quê? **Que começava a chover**). Logo, a oração **que começava a chover** é uma oração subordinada substantiva objetiva direta. Isso significa que entre essa oração e sua principal (**notei**) existe uma relação de subordinação.

Já a oração **e peguei um táxi** está coordenada à oração **notei**. Observe que a oração **e peguei um táxi** apenas se acrescenta à oração **notei**, ou seja, uma não desempenha nenhuma função sintática na outra. A relação entre elas é de *coordenação*. Fica claro assim que o período **Notei que começava a chover e peguei um táxi** é composto por coordenação e subordinação.

NESTE CAPÍTULO

» Aprendendo a identificar as orações substantivas

» Apresentando os tipos de orações substantivas

» Reconhecendo a utilidade da oração principal

Capítulo **13**

Orações Subordinadas Substantivas

N o Capítulo 12, você pôde perceber que as orações subordinadas substantivas desempenham funções que, no período simples, são desempenhadas por substantivos. Assim, as orações subordinadas podem ser *sujeito*, *objeto direto*, *objeto indireto*, *complemento nominal*, *predicativo* ou *aposto* em relação à oração principal. Trocando em miúdos, o que acontece é que cada uma dessas funções, em vez de ser desempenhada por um substantivo, é desempenhada por uma oração inteira. Por esse motivo, essas orações recebem o nome de *substantivas*, pois elas atuam como os substantivos costumam atuar no período simples.

Tipos de Orações Substantivas

Você, agora, vai ser apresentado a cada uma das orações substantivas e vai ver que o nome de cada uma delas representa a função sintática que elas desempenham no período. Ao todo, são seis.

Subjetivas

As *orações subordinadas substantivas subjetivas* são aquelas que desempenham a função de *sujeito* da oração principal, isto é, são sujeitos em forma de oração. Identificar essas orações é tão simples quanto identificar os sujeitos no período simples. Compare os períodos abaixo:

> **É importante** *a presença de todos.*

> **É importante** *que todos estejam presentes.*

O primeiro período é simples e o sujeito da oração é **a presença de todos**. Lembra como é fácil identificar o sujeito? Basta fazer a pergunta ao verbo: *O que é importante?* A resposta a essa pergunta é **a presença de todos**; logo, esse termo é o sujeito da oração.

Já no segundo período, se você fizer a mesma pergunta para identificar o sujeito, terá como resposta a oração **que todos estejam presentes**, ou seja, essa oração funciona como sujeito, por esse motivo é classificada como *oração subordinada substantiva subjetiva*.

Normalmente, quando ocorrem orações subordinadas subjetivas, as orações principais apresentam as seguintes estruturas:

> **»** Verbo de ligação + predicativo (é bom..., é claro..., é evidente..., é melhor..., parece certo que).
>
> *É melhor* **que todos cheguem cedo.**
>
> **»** Verbos como acontecer, constar, convir, importar, parecer
>
> *Parece* **que vai chover.**

146   PARTE 3 **O Período, Composto de Quê?**

> Verbo na voz passiva analítica ou sintética (foi comprovado..., foi dito..., sabe-se..., considera-se...).

Foi dito que o endereço iria mudar.

CUIDADO

Como você já viu no Capítulo 9, o verbo concorda com o núcleo do sujeito. Mas com as orações subordinadas substantivas subjetivas, a situação é outra: *o verbo da oração principal fica sempre na terceira pessoa do singular.*

Objetivas diretas

O nome já diz tudo: as orações subordinadas substantivas objetivas diretas são aquelas que funcionam como objeto direto do verbo da oração principal. É o que se vê no exemplo abaixo:

Ele disse *que estaria aqui às seis.*

Note que o verbo **dizer** é transitivo direto. Isso significa que esse verbo precisa de um complemento sem preposição. No Capítulo 10, você aprendeu uma dica para identificar o objeto direto, lembra? Basta fazer a pergunta ao verbo: *Ele disse o quê?* Nesse exemplo, a resposta é **que estaria aqui às seis**, ou seja, temos aí um objeto direto em forma de oração. Logo, essa oração é *subordinada substantiva objetiva direta.* Simples, não é?

Objetivas indiretas

Você, certamente, já percebeu que as orações objetivas indiretas são aquelas que exercem o papel de *objeto indireto* da oração principal. Isso significa que, na oração principal, há um verbo transitivo indireto, que apresenta seu complemento, o objeto indireto, em forma de oração. É a chamada *oração subordinada substantiva objetiva indireta.* Dê uma olhada no exemplo:

Lembre-se *de que temos um compromisso hoje.*

O verbo **lembrar-se** exige um complemento com preposição, por isso é chamado de *transitivo indireto.* E é justamente a oração **de que**

temos um compromisso hoje que funciona como objeto indireto desse verbo. Repare na preposição **de**, que inicia a oração. Temos aí um objeto indireto oracional, ou seja, uma *oração subordinada substantiva objetiva indireta*.

Completivas nominais

Lembra-se dos complementos nominais, que você conheceu no Capítulo 10? São aqueles termos que completam o sentido dos nomes que não têm significação completa. Esses complementos, assim como os complementos verbais (objeto direto e objeto indireto), também podem vir em forma de oração. Observe o exemplo:

Tenho certeza *de que o resultado vai ser excelente.*

Certeza de quê? **De que o resultado vai ser excelente**. É essa oração que completa o sentido do substantivo **certeza**, por isso ela é chamada de *oração subordinada substantiva completiva nominal*.

Predicativas

No Capítulo 10, você também foi apresentado ao predicativo, que é aquela função sintática que se liga ao sujeito ou ao objeto para caracterizá-los. Pois bem, os predicativos também podem vir em forma de oração. Os predicativos oracionais, contudo, sempre se referem ao sujeito. Assim, as orações que desempenham essa função serão classificadas simplesmente como *subordinadas substantivas predicativas*. Veja o exemplo:

Meu desejo é *que todos fiquem felizes.*

Repare que, na primeira oração, há o sujeito **Meu desejo** e o verbo de ligação **é**. O que falta a essa estrutura é justamente o predicativo, que vem em forma de oração: **que todos fiquem felizes**. Essa oração recebe o nome de *oração subordinada substantiva predicativa*.

148   PARTE 3 **O Período, Composto de Quê?**

Apositivas

A essa altura, você já deve ter percebido que todas aquelas funções sintáticas que você aprendeu a identificar no período simples podem aparecer em forma de oração, e com o aposto não é diferente.

Só quero uma coisa: *que o trabalho fique bem-feito.*

O aposto, como você já viu, serve para explicar. E é exatamente esse o papel da oração **que o trabalho fique bem-feito**. Essa oração explica o substantivo **coisa**, por isso é classificada como *oração subordinada substantiva apositiva.*

E as Orações Principais? Para Que Servem?

Bem, você acabou de conhecer as orações subordinadas substantivas e talvez esteja se perguntando para que servem as orações principais, já que as orações subordinadas substantivas têm tanta importância para a estrutura do período. Na verdade, as orações principais são sempre o apoio das orações subordinadas em termos sintáticos. Já quanto ao sentido, as orações principais das subordinadas substantivas costumam indicar o modo como o enunciador (aquele que fala ou escreve) posiciona-se em relação ao que é dito na oração subordinada. É o que se vê nos períodos abaixo:

É provável **que chova hoje.**

Convém **que você chegue mais cedo.**

Repare que as orações principais dos períodos acima indicam a atitude do enunciador em relação à informação da oração principal. No primeiro exemplo, não há certeza de que vai chover. Isso fica claro na oração principal **é provável**. Já no segundo período, a oração principal **convém** indica uma exigência que o enunciador faz em relação ao momento adequado de chegar.

CAPÍTULO 13 **Orações Subordinadas Substantivas** 149

As Orações Substantivas e as Conjunções

Na forma desenvolvida, as orações subordinadas substantivas estão ligadas às orações principais pelas conjunções **que** ou **se**. Essas conjunções recebem o nome de *conjunções subordinativas integrantes*, pois é exatamente isso que fazem: elas integram, juntam as orações subordinadas às principais. Dê uma olhada nos exemplos abaixo:

Tenho certeza de *que* tudo correrá bem.

Não sei *se* ele virá hoje.

Repare que as conjunções subordinativas integrantes **que** e **se** presentes nos exemplos acima fazem a ligação entre as orações principais e as subordinadas. No primeiro exemplo, a oração subordinada **de que tudo correrá bem** é completiva nominal e, no segundo, a oração subordinada **se ele virá hoje** é objetiva direta.

CUIDADO

As orações subordinadas substantivas objetivas diretas podem ser também iniciadas por outras palavras, como *pronomes interrogativos* (**que**, **quem**, **qual** e **quanto**), *advérbios interrogativos* (**como**, **onde**, **por que** e **quando**) ou ainda *pronomes indefinidos* (**que**, **quem**). Observe os exemplos:

Perguntei *por que* ele desistiu.

Não sei *quando* ele volta.

Desconheço *que* direção ele tomou.

As orações **por que ele desistiu**, **quando ele volta** e **que direção ele tomou** são orações subordinadas substantivas objetivas diretas, iniciadas por *advérbios interrogativos* (**por que** e **quando**) e *pronome indefinido* (**que**), por isso são chamadas de orações subordinadas *justapostas*.

DICA

Existe uma dica bem prática para você reconhecer e classificar as orações substantivas: basta substituí-las pelo pronome **isso**. Se a substituição for possível sem qualquer prejuízo à estrutura do período, a oração será substantiva. Depois, para descobrir a classificação da oração, basta reconhecer a função sintática do pronome **isso**. A oração subordinada substantiva terá a mesma classificação. Veja como é fácil:

» Recomendou *que todos chegassem cedo* → Recomendou *isso.*

» Função sintática do pronome isso → objeto direto.

» Classificação da oração que todos chegassem cedo → oração subordinada substantiva objetiva direta.

As Orações Subordinadas Substantivas e a Pontuação

A pontuação dos períodos compostos em que aparecem orações subordinadas substantivas é bem simples, pois segue os mesmos princípios da pontuação no período simples.

Isso significa que não se separam por vírgulas ou qualquer outro sinal de pontuação as *orações subjetivas*, *objetivas diretas*, *objetivas indiretas*, *completivas nominais* e *predicativas* da oração principal a que se ligam — afinal de contas, *sujeitos*, *complementos verbais* e *nominais* não se separam dos termos a que se ligam por qualquer sinal de pontuação. Compare os exemplos:

É necessário *o preenchimento de todos os formulários.*

É necessário *que todos os formulários sejam preenchidos.*

Observe que, no primeiro exemplo, há apenas uma oração, constituindo assim um período simples. O sujeito da oração é o termo **o preenchimento de todos os formulários**, que não se separa do predicado por vírgula. Já no segundo exemplo, há um período composto por duas orações: a oração principal **É necessário** e a oração subordinada substantiva subjetiva **que todos os formulários sejam preenchidos**, que, exatamente por desempenhar a função de sujeito, não se separa da oração principal por vírgula. Também não ocorre vírgula entre as orações subordinadas substantivas *objetivas diretas*, *objetivas indiretas*, *completivas nominais* e *predicativas* e a oração principal.

A única oração subordinada substantiva que deve ser separada da oração principal por vírgula ou dois-pontos é a *subordinada substantiva apositiva*, exatamente como ocorre com o aposto. É o que fica claro nos exemplos a seguir:

> **Só tinha um desejo:** *o perdão da família.*

> **Só tinha um desejo:** *que a família o perdoasse.*

Note que, nos dois exemplos, há apostos: no primeiro período, o aposto é o termo **o perdão da família**; no segundo, é a oração **que a família o perdoasse**, e, nos dois casos, há sinal de pontuação para separar o aposto.

> **NESTE CAPÍTULO**
>
> » Aprendendo a identificar as orações adjetivas
> » Apresentando os tipos de orações adjetivas
> » Reconhecendo a utilidade das orações adjetivas

Capítulo **14**

Orações Subordinadas Adjetivas

Neste capítulo, você vai ver mais um tipo de oração subordinada: a *adjetiva*. Você já deve ter percebido que os nomes que as orações subordinadas recebem está intimamente ligado ao modo como se comportam no período. Por exemplo, as orações substantivas, que você acabou de conhecer, assumem as mesmas funções que os substantivos podem desempenhar nas orações. Assim, fica fácil notar que as orações adjetivas têm esse nome porque equivalem aos adjetivos. Você vai conhecer melhor essas orações a partir de agora.

Elas Valem por um Adjetivo

Bem, o adjetivo você já conhece de longa data, não é? Logo no Capítulo 1, os adjetivos foram apresentados como o tempero dos substantivos; isto é, essa classe de palavras serve para indicar *qualidades*, *atributos*, *características* do substantivo. Isso significa que o adjetivo exige a presença de um substantivo ou um pronome substantivo ao qual ele vai se ligar.

Com as orações adjetivas não é diferente, elas se comportam exatamente como os adjetivos, isto é, qualificam um substantivo. A utilidade delas é exatamente essa: caracterizar um substantivo da oração principal. Compare os períodos abaixo e comprove que as orações adjetivas valem por um adjetivo:

As empresas procuram funcionários criativos.

As empresas procuram funcionários que sejam criativos.

Não é difícil perceber que tanto o adjetivo **criativos** quanto a oração **que sejam criativos** servem para caracterizar o substantivo **funcionários**. No primeiro período, o adjetivo **criativos** funciona como adjunto adnominal do substantivo **funcionários**. E, no segundo, a oração **que sejam criativos** tem o mesmo valor que o adjetivo **criativos**, por isso essa oração é classificada como *oração subordinada adjetiva*.

Como reconhecer as orações adjetivas

Não é difícil reconhecer as orações subordinadas adjetivas. Em primeiro lugar, observe se a oração está ligada a um substantivo ou pronome substantivo da oração principal. Depois, preste atenção à forma como a oração se liga a esse substantivo. É que as orações adjetivas normalmente vêm iniciadas pelos *pronomes relativos*, que fazem a ligação entre as orações adjetivas e os nomes a que elas se referem.

Lembra-se dos pronomes relativos? No Capítulo 6, você teve oportunidade de conhecê-los. Se anda com a memória fraca, volte algumas páginas e veja como é fácil identificá-los. Agora, observe o período abaixo:

Voltou à cidade onde tinha passado a infância.

Note que a oração **onde tinha passado a infância** está caracterizando o substantivo **cidade** (Ele não voltou a qualquer cidade, e sim à cidade onde tinha passado a infância). Observe também que a oração adjetiva **onde tinha passado a infância** está ligada ao substantivo **cidade** pelo pronome relativo **onde**.

Pronomes Relativos: Mil e Uma Utilidades

Bem, mil e uma utilidades é exagero, mas pelo menos duas utilidades os pronomes relativos têm. Uma delas é **conectar** a oração adjetiva ao substantivo que ela está caracterizando. A outra é **substituir** esse substantivo na oração adjetiva. Veja o que acontece se desdobrarmos o período composto abaixo em dois períodos simples:

Assisti aos filmes que concorreram ao Oscar. (período composto)

Assisti aos filmes.

Os filmes concorreram ao Oscar.

Agora, fica fácil perceber que, no período composto, a palavra **filmes** não se repete, pois, no lugar dela, está o pronome relativo **que**. É justamente por esse motivo que os pronomes relativos, ao contrário das conjunções, apresentam função sintática, pois eles substituem a palavra que os antecede.

CAPÍTULO 14 **Orações Subordinadas Adjetivas** 155

Como reconhecer a função sintática dos pronomes relativos

Exatamente pelo fato de substituírem as palavras que os antecedem, os pronomes relativos apresentam função sintática. E é bem fácil reconhecer a função dos relativos:

> » O primeiro passo é substituir o pronome relativo pelo termo que o antecede.

> » Em seguida, basta identificar a função desse termo na oração em que ficava o relativo.

Observe o exemplo:

Jantamos no restaurante *que* você recomendou.

O antecedente do relativo **que**, no período acima, é o substantivo **restaurante**. Fazendo a substituição temos o seguinte:

Jantamos no restaurante.

Você recomendou o restaurante.

A função sintática do termo **o restaurante** na oração **Você recomendou o restaurante** é objeto direto, pois está completando o verbo **recomendar**, que é transitivo direto. Logo, a função sintática do relativo **que** é a mesma: *objeto direto.*

Mas não é só a função de objeto direto que o pronome relativo pode assumir. Além dessa função sintática, os pronomes relativos podem desempenhar várias outras. Os exemplos abaixo comprovam isso ao mostrar mais algumas funções dos relativos. Dê uma olhada:

Acolhemos o cachorrinho *que* foi abandonado. (**que** = sujeito)

***Dom Casmurro* é um dos romances *de que* mais gosto.** (**de que** = objeto indireto)

A casa *onde* nasci traz boas lembranças. (**onde** = adjunto adverbial)

Este é o autor *a quem* sempre faço referência. (**a quem** = complemento nominal)

Os funcionários *pelos quais* fomos orientados são muito gentis. (**pelos quais** = agente da passiva)

Os alunos *cujos* pais enviaram a autorização poderão viajar. (**cujos** = adjunto adnominal)

CUIDADO

O pronome relativo **onde** sempre desempenha a função sintática de *adjunto adverbial de lugar*.

O pronome relativo **quem** vem sempre preposicionado, até quando estiver desempenhando a função de objeto direto. É o que se vê no período que se segue:

Carlos, a quem todos admiravam, foi promovido.

Note que o pronome **quem** é o complemento do verbo **admirar**, que é transitivo direto, mas vem precedido da preposição **a**. Nesse caso, **a quem** é objeto direto preposicionado.

Restritivas ou Explicativas: A Classificação das Orações Adjetivas

Você viu no Capítulo 13 que as orações subordinadas substantivas são classificadas em *subjetivas*, *objetivas diretas*, *objetivas indiretas*, *completivas nominais*, *predicativas* e *apositivas*, dependendo da função que desempenham na oração principal.

Agora, você vai conhecer os tipos de orações adjetivas. Mas, ao contrário do que acontece com as orações substantivas, a classificação das adjetivas está intimamente ligada ao sentido que essas orações têm em relação ao termo que elas caracterizam. Confuso? Nem tanto. Preste atenção nos exemplos a seguir:

Os homens, que são mortais, temem a morte.

Os homens que falam a verdade agradam as mulheres.

No primeiro exemplo, a oração **que são mortais** indica uma característica que se refere à totalidade dos homens. Resumindo: todos os homens são mortais e temem a morte. Há, nesse exemplo, o primeiro tipo de oração adjetiva: a *explicativa*. Como o nome já diz, essa oração apresenta uma informação genérica do substantivo **homens**, uma explicação que se refere a todos eles. Repare que essa oração pode ser retirada do período sem alterar o sentido da oração que permanece no período: **Os homens** (todos) **temem a morte**.

Já no segundo exemplo, a oração **que falam a verdade** não se refere a todos os homens. Na verdade, essa oração limita o sentido do substantivo **homens**. Não são todos os homens que agradam as mulheres, mas apenas aqueles **que falam a verdade**. Isso significa que *somente* alguns homens agradam as mulheres, não todos. Na verdade, a oração **que falam a verdade** ajuda a identificar e caracterizar o tipo de homem que costuma agradar as mulheres. Orações como essa não podem ser retiradas do período, pois isso alteraria a significação da oração que fica, ou seja, da oração principal. Esse tipo de oração adjetiva é chamado de *restritiva*, pois limita, restringe o significado do termo que a oração adjetiva está caracterizando.

As Orações Subordinadas Adjetivas e a Pontuação

Você acabou de ver que as orações adjetivas podem ser classificadas em *explicativas* e *restritivas*. Além das diferenças de sentido entre elas, vale lembrar que elas se diferenciam também pela pontuação. As orações adjetivas explicativas vêm sempre separadas por vírgulas da oração principal. É o que se vê no exemplo lá de cima: **Os homens,**

que são mortais, temem a morte. A oração adjetiva **que são mortais** aparece entre vírgulas.

E essas vírgulas podem fazer a maior diferença no significado do período. Veja como a presença desses sinais pode mudar totalmente o sentido do que estamos declarando:

Os alunos que foram aprovados ganharão uma viagem.

Os alunos, que foram aprovados, ganharão uma viagem.

Você, com certeza, notou que há semelhanças entre os períodos acima, mas também existe uma enorme diferença de sentido entre eles. No primeiro, há uma oração subordinada adjetiva ligada diretamente ao termo **alunos**. Repare que não há vírgulas entre a palavra **alunos** e a oração **que foram aprovados.** Assim, percebemos que essa oração adjetiva limita o sentido da palavra **alunos**, restringindo o sentido desse substantivo. Na verdade, só ganharão uma viagem os alunos que foram aprovados, não todos.

Já no segundo período, há vírgulas que separam a oração adjetiva **que foram aprovados** do substantivo **alunos.** Essas vírgulas indicam que a informação contida na oração adjetiva é uma informação que se refere a todos os alunos. Ou seja, nesse período todos os alunos foram aprovados e todos ganharão a viagem. O sentido da palavra **alunos**, no segundo período, não é mais delimitado. A oração adjetiva, nesse caso, é uma simples explicação do termo **alunos**.

Os alunos, com certeza, vão preferir o segundo período, não é? É um sinal de que todos foram aprovados e ainda ganharão uma viagem.

CAPÍTULO 14 **Orações Subordinadas Adjetivas** 159

160   PARTE 3 **O Período, Composto de Quê?**

NESTE CAPÍTULO

» Aprendendo a identificar as orações adverbiais

» Classificando as orações adjetivas

» Conhecendo a utilidade das orações adverbiais

Capítulo **15**

Orações Subordinadas Adverbiais

N este capítulo, você vai se despedir das orações subordinadas. É que você vai conhecer o último tipo de orações subordinadas: as *adverbiais*. Essas orações podem ser bem úteis quando precisamos indicar as circunstâncias exatas em que determinada ação aconteceu. *Tempo, finalidade, causa*, essas são apenas algumas das circunstâncias que as orações adverbiais podem indicar. A partir de agora, você vai saber mais detalhes sobre esse tipo de oração subordinada.

CAPÍTULO 15 **Orações Subordinadas Adverbiais** 161

Reconhecendo as Orações Adverbiais

As orações adverbiais são, na verdade, adjuntos adverbiais em forma de oração. O adjunto adverbial, conforme você viu no Capítulo 11, liga-se a um verbo, a um adjetivo ou a outro advérbio para indicar uma determinada circunstância. Com as orações subordinadas adverbiais não é diferente. Elas se ligam ao verbo da oração principal para indicar as mais variadas circunstâncias. Fica fácil perceber pelos exemplos abaixo que o adjunto adverbial e a oração adverbial se comportam da mesma maneira:

Pela manhã, ela já se sentia muito bem.

Logo que amanheceu, ela já sentia muito bem.

No primeiro exemplo, **pela manhã** é um adjunto adverbial que se liga ao verbo **sentia**. Esse adjunto adverbial confere a ideia de tempo para a oração. Essa mesma ideia de tempo é transmitida pela oração **Logo que amanheceu**, no segundo exemplo. Por esse motivo, a oração **Logo que amanheceu** é classificada como subordinada adverbial temporal.

Viu como é fácil identificar as orações subordinadas adverbiais? Essas orações estão sempre ligadas ao verbo da oração principal e indicam uma circunstância.

Circunstâncias para Todos os Gostos

As orações subordinadas adverbiais podem indicar as mais variadas circunstâncias. Você vai conhecer agora cada uma das circunstâncias que podem ser representadas por orações. São nove essas circunstâncias, mas não se desespere, pois você conhece e usa no dia a dia a maioria delas.

Causa

As orações subordinadas adverbiais que indicam *causa* recebem o nome de *orações subordinadas adverbiais causais*. E você já deve ter percebido pelo nome que as subordinadas adverbiais causais indicam o *motivo*, a *razão* da ação representada na oração principal. A conjunção causal típica é **porque**. Mas várias outras conjunções ou locuções conjuntivas (= duas ou mais palavras que funcionam como uma conjunção) podem expressar esse valor de causa, como, por exemplo: **como**, **já que**, **pois**, **uma vez que**, **visto que** etc.

Desistimos do passeio *porque chovia muito*.

Note que foi o fato de começar a chover que fez com que nós desistíssemos do passeio. Assim, a oração **porque chovia muito** é classificada como *oração subordinada adverbial causal*.

CUIDADO

A conjunção **como** pode indicar diferentes circunstâncias, mas, nas indicações de causa, a oração subordinada adverbial causal vem sempre antes da oração principal. Veja o que acontece com o período acima se usarmos a conjunção **como** para indicar causa:

Como chovia muito, **desistimos do passeio**.

Consequência

As orações adverbiais que indicam *consequência* recebem o nome de *consecutivas*. E essas orações indicam o efeito, o resultado da ação expressa na oração principal. Para indicar consequência, você pode usar as seguintes conjunções ou locuções conjuntivas: **que**, **de forma que**, **de modo que**, **tanto que** e também os pares **tão... que**, **tanto... que**, **tamanho... que**. Observe o exemplo abaixo:

Falou tanto *que ficou rouco*.

No período, a *consequência* de **falar tanto** é **ficar rouco**. Assim, a oração **que ficou rouco** é classificada como *oração subordinada adverbial consecutiva*.

CAPÍTULO 15 **Orações Subordinadas Adverbiais** 163

CUIDADO

Você deve ter percebido que há uma relação entre o período composto com oração causal e o composto com oração consecutiva. Afinal, onde há causa, há também consequência. Assim, é possível transformar um no outro e vice-versa. Veja como isso acontece:

Nevou de madrugada *porque o frio era muito intenso.* (oração subordinada adverbial causal)

O frio era tão intenso *que nevou de madrugada.* (oração subordinada adverbial consecutiva)

Isso significa que é você que decide entre uma forma ou outra na hora de falar ou escrever. De modo geral, aparece na oração principal o fato que queremos destacar, enfatizar.

Condição

Condição é aquilo que é necessário para que um fato se realize. As orações adverbiais que indicam *condição* são chamadas de *condicionais*. É bem provável que a conjunção condicional que você mais use seja o **se**, pois essa é a conjunção condicional típica. Mas outras conjunções ou locuções conjuntivas também podem indicar essa ideia: **caso**, **contanto que**, **desde que**, **a não ser que**, **a menos que** etc.

Se você olhar atentamente, **perceberá os mínimos detalhes da pintura.**

Note que só é possível perceber os mínimos detalhes da pintura com uma condição: olhar atentamente. Assim, a oração **Se você olhar atentamente** é uma *oração subordinada adverbial condicional*.

Concessão

Fazer uma concessão significa fazer algo diferente do que é esperado, do que é normal. Você, com certeza, já deve ter feito algumas concessões ao longo da sua vida. A ideia de *concessão* está diretamente ligada à ideia de contraste. Na verdade, essa ideia é bem parecida com a ideia que as orações coordenadas adversativas expressam. Observe como isso fica claro no período abaixo:

Embora estivéssemos exaustos, **decidimos continuar a caminhada.**

O normal seria que, por estarmos cansados, parássemos para descansar, mas não foi isso que aconteceu. Ocorreu assim uma quebra da expectativa, foi feita uma concessão. Por esse motivo, a oração **Embora estivéssemos exaustos** é classificada como *oração subordinada adverbial concessiva*. A conjunção concessiva típica é o **embora**, mas outras conjunções e locuções expressam essa ideia: **conquanto**, **ainda que**, **apesar de que**, **mesmo que** etc.

Comparação

A comparação é bem fácil de perceber. Na verdade, as orações que expressam *comparação* indicam semelhança entre seres ou fatos. A oração adverbial que expressa essa ideia recebe o nome de *subordinada adverbial comparativa*. A conjunção comparativa mais comum é **como**. Também é comum aparecerem as seguintes estruturas: **tão... como**, **tão... quanto**, **mais do que**, **menos do que**. Observe o exemplo:

Ele agiu *como um verdadeiro anfitrião agiria naquela situação.*

A oração **como um verdadeiro anfitrião agiria naquela situação** é uma *oração subordinada adverbial comparativa*.

CAPÍTULO 15 **Orações Subordinadas Adverbiais** 165

4
Seguindo a Norma-padrão

NESTA PARTE . . .

Concordância, regência e colocação pronominal; é disso que esta parte vai tratar. Na verdade, esses assuntos têm tudo a ver com sintaxe, pois são mecanismos que mostram como os termos da oração (aqueles que você conheceu na Parte 2) se relacionam. São muitas regras, mas não há motivo para desespero, pois muitas delas você já emprega no dia a dia.

NESTE CAPÍTULO

» **Definindo concordância**

» **Reconhecendo os tipos de concordância**

» **Apresentando as regras gerais de concordância verbal**

» **Conhecendo os casos especiais de concordância verbal**

Capítulo **16**

"Inútil! A Gente Somos Inútil." Uma Questão de Concordância

Dependendo da sua idade, você pode estar achando bem estranho o título deste capítulo. É que ele faz referência a um trecho da música *Inútil*, lançada em 1983 pela banda Ultraje a Rigor. A música, que tem como frase de abertura "*A gente não sabemos escolher presidente*", tem um tom político e trata da questão do voto de forma bem crítica. E um dos elementos responsáveis por essa crítica é justamente a concordância entre a forma verbal **somos** e o sujeito **a gente**. Independentemente dos aspectos políticos que envolvem a música, o motivo de ela ser mencionada no título deste capítulo é a concordância, ou melhor, a falta dela ("*A gente somos...*", "*A gente não sabemos...*"), segundo os padrões da norma-padrão.

CAPÍTULO 16 **"Inútil! A Gente Somos Inútil." Uma Questão...** 169

Tipos de Concordância

Há dois tipos de concordância: a *verbal* e a *nominal*. A concordância verbal, como o nome já diz, envolve o verbo. No Capítulo 9, você conheceu o sujeito, que é o termo do qual se diz alguma coisa, e o predicado, que é a declaração que se faz do sujeito. Há, assim, entre o sujeito e o predicado uma relação íntima. Por esse motivo, o verbo concorda em número e pessoa com o sujeito.

Já a concordância nominal envolve os substantivos e as palavras que se ligam aos substantivos, ou seja, as classes dependentes dos substantivos, que você conheceu no Capítulo 2. Isso significa que as classes dependentes dos substantivos (*artigos*, *adjetivos*, *numerais* e *pronomes adjetivos*) alteram suas terminações para se ajustarem em gênero e número aos substantivos a que se referem. Observe, na frase que segue, a concordância entre o substantivo **alunos** e seus dependentes:

Os meus dois melhores alunos receberam prêmios.

O artigo **Os**, o pronome **meus**, o numeral **dois** e o adjetivo **melhores** acompanham o gênero (masculino) e o número (plural) do substantivo **alunos**.

Concordância Verbal: Regra Geral

Você acabou de ver que a concordância verbal trata da concordância do *verbo* com o *sujeito*. A regra geral de concordância verbal diz que o verbo concorda em número e pessoa com o núcleo do sujeito. Assim, temos as seguintes situações:

» Um núcleo do sujeito no singular = verbo no singular

   A forte *chuva provocou* alagamentos.

» Um núcleo do sujeito no plural = verbo no plural

   As *chuvas* de verão *causaram* estragos.

>> Dois núcleos do sujeito no singular = verbo no plural

O *livro* e o *caderno ficaram* sobre a mesa.

>> Dois núcleos do sujeito no plural = verbo no plural

***Professores* e *alunos organizaram* a festa.**

Fugindo à regra...

Estava muito bom para ser verdade... Com certeza, é isso que você está pensando depois de ver o título *Fugindo à regra*. Realmente, a regra geral de concordância verbal é bem simples, mas há alguns casos especiais em que é comum ficarmos em dúvida se devemos colocar o verbo no singular ou no plural, ou seja, casos que fogem à regra geral. Isso pode acontecer, por exemplo, com determinadas expressões, que, apesar de transmitirem uma ideia de plural, têm a forma de singular ou vice-versa. O que fazer nessas e em outras situações parecidas? Singular ou plural? Para resolver suas possíveis dúvidas em relação à concordância verbal, conheça esses casos. Vamos começar pelos casos de sujeito simples que merecem uma atenção especial.

Sujeito formado por expressões partitivas

Expressões partitivas são aquelas que, como o nome já diz, indicam a parte de um todo. Eis alguns exemplos: **a maioria de**, **a metade de**, **grande número de**, **grande parte de**.

Quando o sujeito é formado por essas expressões seguidas de um substantivo ou pronome substantivo no plural, o verbo pode ficar no *singular* ou no *plural*. Isso acontece porque o verbo pode concordar tanto com o núcleo da expressão (**maioria**, **metade**, **número**, **parte**) quanto com o substantivo que está no plural. Observe o exemplo:

A *maioria* **dos professores** *aderiu* à greve.

A maioria dos *professores aderiram* à greve.

CAPÍTULO 16 *"Inútil! A Gente Somos Inútil." Uma Questão...* 171

Sujeito formado por expressões que indicam quantidade aproximada

Com expressões que indicam quantidade aproximada, como **cerca de**, **mais de**, **menos de**, o verbo concorda com o numeral que segue a expressão. Dê uma olhada nos exemplos:

Cerca de *mil* **pessoas** *participaram* **do protesto.**

Mais de *um* **candidato** *pediu* **revisão da prova.**

CUIDADO

Quando a expressão **mais de um** estiver ligada a verbos que indicam reciprocidade (ideia de troca), o verbo deve ficar no plural. É o que se vê na frase a seguir:

Mais de um jogador se cumprimentaram durante a partida.

Repare que o verbo **cumprimentar** carrega a ideia de reciprocidade (um jogador cumprimentou o outro).

Sujeito formado por um substantivo coletivo

Você já viu que os substantivos coletivos são aqueles que, embora tenham a forma no singular, indicam um conjunto de seres da mesma espécie. Sempre que o núcleo do sujeito for um coletivo o verbo ficará no singular. É o que se vê no exemplo abaixo:

A *multidão aplaudiu* **o cantor.**

Sujeito formado por nomes que só se usam no plural

Com nomes que só se usam no plural, tanto próprios quanto comuns, o segredo é ficar de olho no artigo, pois é ele que manda. *Sem artigo*, o verbo fica no *singular*. Já *com artigo* no plural, o verbo também fica no *plural*. Os exemplos abaixo mostram isso:

Minas Gerais encanta os turistas./*As* Minas Gerais *encantam* **os turistas.**

Férias faz bem./*As* férias *fazem* **bem.**

Sujeito formado por pronome interrogativo ou indefinido no plural

Você se lembra dos pronomes interrogativos e indefinidos apresentados no Capítulo 6? É deles mesmo que estamos tratando. Quando o sujeito for formado por *pronomes interrogativos no plural* (**quais** e **quantos**) ou *pronomes indefinidos* (**alguns, muitos, poucos, vários**) + *a expressão* **de nós**, o verbo pode ficar na 3ª pessoa do plural ou concordar com o pronome **nós**. Dê uma olhada:

Quantos de nós *viajarão?*/*Quantos* de nós *viajaremos?*

Alguns de nós *chegaram* **mais cedo.**/*Alguns* de nós *chegamos* **mais cedo.**

Sujeito formado pelos pronomes relativos que e quem

Com o pronome relativo **que**, o verbo concorda com a palavra que vem antes do relativo. Observe o exemplo:

Fomos *nós* **que** *fizemos* **o bolo.**

Fui *eu* **que** *comprei* **as entradas.**

Sujeito formado pelo relativo quem

Quando o sujeito é o pronome relativo **quem**, há duas possibilidades de concordância:

» Ou o verbo fica na 3ª pessoa do singular, concordando com o quem:

Fomos nós *quem organizou* **a festa.**

» Ou pode concordar também com o pronome pessoal que antecede o quem. É o que se vê nos exemplos abaixo:

Fomos *nós* **quem** *organizamos* **a festa.**

Sujeito formado por pronome de tratamento

Quando o sujeito é um pronome de tratamento, o verbo fica sempre na terceira pessoa do singular ou do plural. Os exemplos abaixo comprovam isso:

Vossa excelência iniciará o discurso em alguns minutos.

Vossas excelências iniciarão o discurso em alguns minutos.

Sujeito formado pela expressão um dos que

Com a expressão **um dos que**, o verbo costuma ficar no plural, mas não é raro aparecer com verbo no singular. Isso significa que você pode usar tanto uma forma quanto a outra. Observe:

José foi um *dos* que *receberam* o prêmio.

José foi um dos que *recebeu* o prêmio.

Sujeito formado por porcentagens ou frações

Com o sujeito formado por *números percentuais* ou *fracionários*, sempre surge aquela dúvida, não é? Bem, nessas situações, o verbo, em geral, concorda com o *numeral*, mas também é possível a concordância com a *expressão* que acompanha o numeral. É o que você pode ver nos exemplos abaixo:

Dez por cento da população *anularam* o voto.

Dez por cento da *população anulou* o voto.

Fugindo à regra... do sujeito composto

Bem, você acabou de conhecer os casos de sujeito simples que fogem à regra geral de concordância verbal. Agora é a vez dos casos especiais de concordância do sujeito composto. Mas não se desespere, pois muitos desses casos especiais admitem o verbo no singular e no plural. Isso significa que você vai estar sempre certo. Conheça estes casos:

Sujeito composto depois do verbo

Quando o sujeito composto está depois do verbo (*sujeito posposto*), há duas opções de concordância: ou você concorda com os dois núcleos ou com o núcleo mais próximo. Essa última concordância é chamada de atrativa. Os exemplos a seguir mostram essas duas possibilidades:

> *Embarcaram* **pela manhã** o *governador* e o *vice*.

> *Embarcou* **pela manhã** o *governador* e o vice.

Na primeira oração, o verbo concorda com os dois núcleos do sujeito: **governador** e **vice**, por isso o verbo está no plural. Já no segundo exemplo, a concordância foi feita com o núcleo mais próximo: **governador**.

Sujeito formado por núcleos sinônimos ou por palavras em gradação

Se os núcleos do sujeito composto forem palavras sinônimas ou quase sinônimas, ou ainda palavras que representem uma gradação, a escolha é sua: o verbo pode ficar no plural ou no singular. Dê uma olhada nos exemplos:

> **Tranquilidade e serenidade** *caracterizam/caracteriza* **a persona-lidade dela.** (termos sinônimos)

> **Uma brisa, um vento, um furacão não** *desanimavam/desanimava* **os atletas.**

CAPÍTULO 16 "Inútil! A Gente Somos Inútil." Uma Questão... 175

Sujeito formado pelas expressões um e outro/nem um nem outro

Mais uma vez a escolha é sua. Com as expressões **um e outro** e **nem um nem outro**, o verbo pode ficar no *plural* ou no *singular*.

> **Um e outro** *adoravam/adorava* **viajar.**

> **Nem uma nem outra** *aproveitaram/aproveitou* **a oportunidade.**

Sujeito formado por núcleos unidos por com

Quando os núcleos do sujeito estiverem unidos pela preposição **com**, o verbo pode ficar no plural, concordando com os dois núcleos, ou no singular, concordando com o primeiro.

> O *professor* **com** o *aluno montaram* a **exposição.**

> O *professor* **com** o *aluno montou* a **exposição.**

Sujeito formado por núcleos unidos por ou ou nem

Se os núcleos do sujeito composto estiverem ligados pelas conjunções **ou** ou **nem**, o verbo pode ficar no singular ou no plural. Mas fique atento ao sentido. Se houver ideia de exclusão, ou seja, se a ação for atribuída a apenas um dos núcleos, o verbo deve ficar no singular. Por outro lado, se a ação expressa pelo verbo puder ser atribuída aos dois núcleos, o verbo ficará no plural.

> **José** *ou* **Pedro** *assumirá* **a presidência da empresa.**

Repare que há ideia de exclusão: só um deles assumirá a presidência; logo, o verbo deve ficar no singular. Já no exemplo abaixo, não é isso que acontece:

> *Nem* o **professor** *nem* o *aluno conseguiram* **chegar à escola.**

Nesse caso, não há ideia de exclusão. A ação de conseguir (ou não) se aplica aos dois núcleos: o professor não conseguiu e o aluno também não.

Sujeito formado por núcleos ligados pelas expressões não só... mas também, tanto... quanto, tanto... como etc.

Com essas expressões, chamadas de correlativas, o verbo vai para o plural. Observe o exemplo:

Não só o **passageiro,** *mas também* o **motorista** *reclamaram* do **engarrafamento.**

Tanto o pai quanto o filho *adoravam* **viajar.**

Sujeito formado por pessoas diferentes

Você deve estar se perguntando que pessoas são essas. São as três pessoas do discurso: a 1ª, que indica a pessoa que fala; a 2ª, que indica a pessoa com quem se fala e a 3ª, que representa a pessoa ou coisa de que se fala. Bem, se o sujeito é formado por pessoas diferentes, o verbo vai ser conjugado na pessoa de número mais baixo e sempre no *plural*, já que há mais de um núcleo. É o que se vê no exemplo abaixo:

Nós **e** *eles* *viajaremos* **na mesma data.**

Repare que o sujeito é formado pela 1ª pessoa (**Nós**) e pela 3ª (**eles**). Por esse motivo, o verbo fica na 1ª do plural (**viajaremos**), que é a de número mais baixo.

Sujeito composto resumido por pronome

Os sujeitos compostos podem ser resumidos por pronomes indefinidos, como **tudo**, **nada**, **ninguém** etc. Nesses casos, o verbo concorda com o pronome, ficando no singular. É o que se vê no exemplo a

CAPÍTULO 16 *"Inútil! A Gente Somos Inútil." Uma Questão...* 177

seguir em que o sujeito composto **joias, dinheiro, imóveis** vem resumido pelo pronome **nada**, que leva o verbo para o singular.

Joias, dinheiro, imóveis, *nada* **lhe** *interessava.*

CUIDADO

Esse pronome que resume o sujeito desempenha a função sintática de aposto resumitivo ou recapitulativo. Lembra-se dele? Se quiser dar uma relembrada, volte ao Capítulo 11. Fique de olho: sempre que aparecer um aposto resumitivo, o verbo concorda com ele.

Verbos Que Dão o Que Falar...

Alguns verbos têm um comportamento especial no que diz respeito à concordância, por isso é bom ficar atento a eles. Conheça-os agora.

Haver

O verbo **haver** tem um uso especial quando é sinônimo do verbo **existir** e também quando indica tempo decorrido, ou seja, tempo que já passou. Nessas situações, nem pense duas vezes: ele será conjugado sempre na 3ª pessoa do singular. É o que você pode ver nos exemplos a seguir:

Havia **várias pessoas interessadas no assunto.**

Há **dois anos dedico-me a este projeto.**

Fazer

O verbo **fazer** também terá o mesmo comportamento do verbo **haver**, ou seja, ficará na 3ª pessoa do singular quando indicar tempo (tanto o tempo cronológico quanto a condição do clima). Observe os exemplos:

Faz **vinte anos que trabalho aqui.** (tempo cronológico)

Faz **dias frios nesta época do ano.** (condição climática)

LEMBRE-SE — Você já deve ter ouvido falar em verbos *impessoais*, não é? Pois é assim que são chamados os verbos **haver** e **fazer** nas situações apresentadas acima. Eles recebem esse nome pois não variam em pessoa, ficam sempre na 3ª do singular. Daí a classificação *IMpessoal*. Vale a pena lembrar que as orações com esses verbos não apresentam sujeito.

Aliás, a impessoalidade dos verbos **haver** e **fazer** é "contagiosa". Isso significa que em uma locução verbal formada por verbo auxiliar + verbo principal **haver** ou **fazer** o verbo auxiliar fica sempre na 3ª pessoa do singular. É o que se vê nos exemplos abaixo:

Devia haver **uns vinte alunos em sala.**

Vai fazer **quatro meses que não a vejo.**

Repare que os verbos **haver** e **fazer** nas locuções acima são impessoais (haver = existir; fazer = indicação de tempo) e, por serem os verbos principais da locução, transmitem essa impessoalidade para os verbos auxiliares, que, por isso, ficam na 3ª pessoa do singular. Isso também acontece com os outros verbos impessoais.

Dar, bater e soar

Você provavelmente já usou um desses verbos nas indicações de horas. Nesses casos, eles concordam com o número das horas, que normalmente é o sujeito.

Deram três **horas da tarde.**

CUIDADO — Se o sujeito não for o número de horas, a regra acima não vale. E o verbo deve concordar com seu sujeito.

O relógio *deu* **três horas.**

Ser

Prepare-se para o verbo **ser**: a concordância com ele é cheia de detalhes. Em várias situações, esse verbo não concorda com o sujeito, e sim com o predicativo. (Esqueceu-se do predicativo? Volte ao Capítulo 10 para refrescar sua memória.) A boa notícia é que, em algumas situações, é você quem escolhe se o verbo vai concordar com o sujeito ou com o predicativo. Tudo vai depender do termo que você quiser destacar. Fique atento agora às diferentes situações de uso do verbo **ser**:

Concordando com o predicativo

Muitas vezes, o verbo **ser** concorda com o predicativo, contrariando, assim, a conhecida regra de que o verbo concorda com o sujeito. Veja em que situações isso ocorre:

» Quando o predicativo é um pronome pessoal reto:

Lembra-se dos pronomes pessoais retos? Eu, tu, ele, nós, vós, eles. Pois bem, se o predicativo for um desses pronomes, o verbo concorda *obrigatoriamente* com ele.

A professora *sou eu*.

CUIDADO

Fique atento à seguinte situação: se o sujeito e o predicativo forem pronomes pessoais retos, a concordância se faz com o sujeito, pois é ele que tem prioridade. Veja só:

Eu não *sou* ele.

» Quando o predicativo é um nome próprio:

Se o predicativo for um substantivo próprio, o verbo ser tende a concordar com ele.

Todas as esperanças da família *era* Tadeu.

» Quando o predicativo indica hora, data, período de tempo ou distância:

Nas indicações de hora, data, período de tempo ou distância, é o predicativo que manda, ou seja, o verbo concorda com ele. Os exemplos abaixo comprovam isso:

São duas horas. (indicação de hora)

Hoje são 28 de outubro. (indicação de data)

Foram 13 dias de espera. (indicação de período de tempo)

É um quilômetro até a minha casa. (indicação de distância)

» Quando o predicativo for o pronome demonstrativo o:

Demonstrativo o? É isso mesmo. Em algumas situações, o vocábulo o pode ser um pronome demonstrativo. Se você não se lembra disso, volte ao Capítulo 6, na seção *Demonstrativos menos famosos*, e refresque sua memória.

Bem, quando o predicativo for representado pelo pronome demonstrativo o, o verbo vai concordar com ele, ficando no singular. Dê uma olhada no exemplo:

Gentileza e simpatia era o que a definia.

Repare que o sujeito da oração é composto (gentileza e simpatia), mas o verbo está no singular para concordar com o predicativo, representado pelo demonstrativo o.

» Quando o sujeito é o pronome **tudo**, **isso**, **isto** ou **aquilo**:

Com certeza, você já ouviu a frase Nem tudo são flores. Pois bem, ela ilustra de forma clara essa regra. Se o sujeito for um dos pronomes listados acima (tudo, isso, isto, aquilo), a concordância normalmente é feita com o predicativo. Mas isso não significa que, nesses casos, você não possa concordar com o sujeito também. Veja um outro exemplo:

Isso são sonhos de criança.

Isso é sonhos de criança.

CAPÍTULO 16 **"Inútil! A Gente Somos Inútil." Uma Questão...** 181

» Quando o sujeito é o pronome interrogativo quem ou que:

Nas perguntas com os pronomes interrogativos quem ou que, nem pense duas vezes, pois a concordância do verbo com o predicativo é obrigatória. Observe os exemplos:

Quem *são vocês*?

Que *são moléculas*?

» Quando o sujeito é um nome de coisa e o predicativo, um substantivo plural:

Fique de olho nesta regra: se o sujeito for um nome de coisa e o predicativo estiver no plural, o verbo vai concordar com o predicativo. É o que se vê no exemplo abaixo, em que o núcleo do sujeito é o substantivo comum casa e o predicativo papelões está no plural. Note que o verbo está no plural para concordar com o predicativo.

A casa do cãozinho *eram papelões*.

» Quando o sujeito é uma expressão coletiva ou partitiva:

O verbo também vai concordar com o predicativo quando o sujeito for uma expressão coletiva ou partitiva (que indica parte) e o predicativo estiver no plural. Veja os exemplos:

A *maioria eram* estudantes.

***Grande parte são* crianças.**

CUIDADO

O verbo ser nas expressões é muito, é pouco, é suficiente, é demais etc., que indicam quantidade, preço, peso, distância, medida, fica invariável. Isso significa que o verbo ser, nesses casos, fica na 3ª pessoa do singular.

Dois quilos *é* suficiente.

Dez mil *é* pouco para a obra.

A Partícula Se e a Concordância

Bem, quando se fala em concordância verbal, vale a pena relembrar dois assuntos: o *sujeito indeterminado com a partícula se* e a *voz passiva sintética*, que você conheceu nos Capítulos 9 e 10, respectivamente. Essas construções são bem parecidas, mas o comportamento delas em relação à concordância é bem diferente.

Em orações de sujeito indeterminado com a partícula **se**, o verbo fica obrigatoriamente na 3ª pessoa do singular. É bom lembrar que o **se** funciona como *índice de indeterminação do sujeito* apenas se estiver ligado a um verbo que não é transitivo direto (intransitivo, transitivo indireto e verbo de ligação).

> *Vive*-se bem no campo. (viver = verbo intransitivo)
>
> *Precisa*-se de funcionários com bons conhecimentos de português. (**precisar** = verbo transitivo indireto)
>
> **Nunca se *está* totalmente satisfeito. (estar** = verbo de ligação)

Nos exemplos acima, o **se** é *índice de indeterminação do sujeito*. E, exatamente por não haver um termo com o qual possa concordar, o verbo fica na 3ª pessoa do singular.

Já nas orações em que o **se** é *partícula apassivadora*, o verbo concorda com o sujeito paciente, podendo ficar no singular ou no plural. Vale lembrar que, nessas construções, há sempre um verbo *transitivo direto* ou *transitivo direto e indireto*, que são necessários para a voz passiva. Observe o exemplo:

> *Consertam*-**se** *relógios.*

Na oração acima, o verbo **consertar** está no plural para concordar com o sujeito **relógios**. É isso mesmo, **relógios** é o sujeito, pois a oração está na voz passiva sintética. Lembra que o objeto direto da voz ativa passa a ser sujeito da passiva? Assim, se o sujeito está no plural, o verbo fica também no plural.

184   PARTE 4 **Seguindo a Norma-padrão**

NESTE CAPÍTULO

» **Definindo a concordância nominal**

» **Apresentando as regras gerais de concordância nominal**

» **Conhecendo os casos especiais de concordância nominal**

Capítulo **17**

"Um Chopes e Dois Pastel." A Hora e a Vez da Concordância Nominal

Você pode já ter ouvido a frase "Um chopes e dois pastel", que dá nome a este capítulo. Bastante conhecida, a frase é usada para fazer uma brincadeira com a suposta falta de concordância na fala dos paulistanos. A brincadeira fica evidente pela presença da marca de plural onde não é necessária (é só um chope) e na ausência dessa mesma marca na palavra em que seria necessária (afinal, são dois pastéis).

Concordância Nominal: Regra Geral

No Capítulo 16, você aprendeu o que significa concordar e viu que existem dois tipos de concordância: a *verbal* e a *nominal*. Também conheceu as regras de concordância verbal. Agora é vez da concordância nominal.

Antes de mais nada, vale lembrar por que esse tipo de concordância é chamado de nominal. *Nominal* porque diz respeito aos nomes, isto é, aos *substantivos* e às palavras dependentes dos substantivos: *artigos*, *adjetivos*, *numerais* e *pronomes*.

A regra geral diz que artigo, adjetivo, numeral e *pronome adjetivo* (aquele que acompanha o substantivo) acompanham o *substantivo* em gênero (feminino/masculino) e número (singular/plural). O exemplo abaixo comprova isso.

Comprei as minhas duas *blusas* estampadas naquela loja.

Repare que o artigo **as**, o pronome **minhas**, o numeral **duas** e o adjetivo **estampadas** acompanham o substantivo **blusas** em gênero e número.

Fugindo à Regra

Também em relação à concordância nominal, há situações que fogem à regra geral. Você vai conhecê-las a partir de agora. Para facilitar sua vida, cada classe de palavras dependente do substantivo será tratada separadamente.

Assim, em primeiro lugar vamos ver a concordância com os *adjetivos*, que exigem de você uma atenção maior. Em seguida, será a vez dos *pronomes* e, por fim, dos *numerais*. Os *artigos* não serão tratados isoladamente, já que a relação entre eles e os substantivos é mais simples.

Concordando com o adjetivo

O adjetivo concorda com o substantivo em gênero e número. Disso você já sabe, mas, muitas vezes, a posição que ele ocupa em relação ao substantivo ou a função sintática que desempenha na oração influencia a concordância.

Lembre-se de que os adjetivos podem desempenhar a função de *predicativo* ou de *adjunto adnominal*. Se você quer relembrar essas funções antes de seguir a leitura, volte aos Capítulos 10 e 11.

Conheça agora os diferentes casos de concordância nominal com os adjetivos:

Dois ou mais substantivos e um adjetivo

Em algumas situações, o mesmo adjetivo pode estar ligado a mais de um substantivo. Nesses casos, preste atenção à posição do adjetivo em relação ao substantivo, pois ela faz toda a diferença na hora de concordar.

Adjetivo anteposto aos substantivos

Se o *adjetivo* estiver *antes* dos substantivos, deverá concordar com o substantivo mais próximo. É o que se vê no exemplo abaixo, em que o adjetivo belas está anteposto aos substantivos paisagens e museus.

Belas paisagens e museus encantavam os visitantes.

CUIDADO

Se o adjetivo se referir a substantivos próprios, vai obrigatoriamente para o plural.

Os *simpáticos Lucas* e *Antônio* são grandes amigos.

LEMBRE-SE

Se o adjetivo anteposto **aos** substantivos tiver a função de *predicativo*, ele pode ir para o plural ou concordar com o substantivo mais próximo.

Estava *quebrada* **a** *mesa* **e a cadeira.**

ou

Estavam *quebradas* **a** *mesa* **e a** *cadeira*.

Adjetivo posposto aos substantivos

Se o *adjetivo* estiver depois dos substantivos, há duas possibilidades de concordância: com o substantivo mais próximo ou com os dois substantivos. É o que se vê nos exemplos abaixo:

Ele comprou sapatos e *meias novas*.

ou

Ele comprou *sapatos* **e** *meias novos*.

Observe que, no primeiro exemplo, o adjetivo **novas** concorda com o substantivo **meias**, que está mais próximo. Já no segundo, o adjetivo concorda com os dois substantivos, **sapatos** e **meias**.

Vale a pena lembrar que, em alguns casos, quando o adjetivo concorda apenas com o substantivo mais próximo, não fica claro se o adjetivo caracteriza somente o substantivo mais próximo ou os dois. É o que se percebe no exemplo abaixo:

Ela tinha muitos vestidos e *joias caras*.

Note que o adjetivo **caras** concorda com o substantivo **joias**. Desse modo, não fica claro para quem lê se apenas as joias eram caras ou se os vestidos também eram. Se você não quer deixar dúvidas, prefira a concordância com os dois substantivos:

Ela tinha muitos *vestidos* **e** *joias caros*.

CUIDADO

Se o adjetivo posposto ao substantivo for predicativo, o plural é obrigatório. É o que se vê no exemplo abaixo:

O *vestido* e a *joia* eram *caros*.

Dois ou mais adjetivos e um substantivo

Quando houver dois ou mais adjetivos e um único substantivo, há duas possibilidades de concordância. Na primeira delas, o substantivo fica no singular e o artigo é usado antes do substantivo e do segundo adjetivo. É o que se vê no exemplo abaixo:

Ela fala fluentemente *a língua* francesa e *a* alemã.

Outra possibilidade é colocar o substantivo no plural. Nesse caso, o artigo só aparece antes do substantivo.

Ela fala fluentemente *as línguas* francesa e alemã.

Substantivo com valor de adjetivo

Às vezes, usamos substantivos com valor de adjetivo. Nesses casos, eles não variam. É o que acontece com os substantivos **monstro** e **vinho** nos exemplos abaixo. Eles estão caracterizando os substantivos **manifestação** no feminino singular e **blusas**, no feminino plural, mas ficam invariáveis.

Houve uma *manifestação monstro* contra a corrupção.

Ganhei duas *blusas vinho*.

Concordando com o pronome

Os pronomes concordam em gênero e número com os substantivos a que se referem. Os exemplos abaixo deixam isso claro:

Certas pessoas **têm o dom da palavra.**

Procurou a *irmã*, mas não *a* encontrou naquele dia.

Repare que o pronome **Certas** está no feminino plural para concordar com o substantivo **pessoas**. Já o pronome *a* assume a forma de feminino singular porque está retomando o substantivo **irmã**.

LEMBRE-SE

Se o pronome se referir a dois ou mais substantivos de gêneros diferentes, como acontece no exemplo a seguir, predomina o masculino plural (**os**).

Ontem encontrei *Fátima* **e** *Pedro*, **já não** *os* **via há meses.**

São poucas as situações de concordância de pronome que podem gerar dúvida. Fique atento apenas às seguintes construções com pronomes:

Expressões pronominais um e outro, nem um nem outro, um ou outro

Essas expressões mantêm o substantivo no singular, mas o adjetivo vai para o plural.

Um e outro *objeto encontrados* **estavam em perfeito estado.**

Observe que o substantivo **objeto** fica no singular, mas o adjetivo **encontrados** vai para o plural.

Concordando com o numeral

Os numerais, como você já sabe, concordam com o substantivo a que estão ligados. É o que se percebe no exemplo abaixo em que o numeral **um** assume a forma masculina para concordar com o substantivo **aluno**.

Só *um aluno* **chegou atrasado.**

Mas fique atento a outros casos de concordância do numeral apresentados a seguir:

Numerais precedidos de artigo

Se os numerais estiverem precedidos de artigo, o substantivo ao qual os numerais se ligam pode ficar no singular ou ir para o plural, a escolha é sua. Veja os exemplos:

O **primeiro** e o **segundo** *aluno* **da turma foram premiados.**

ou

O **primeiro** e o **segundo** *alunos* **da turma foram premiados.**

CUIDADO

Se apenas o primeiro numeral estiver precedido de artigo, o substantivo vai para o plural.

A *segunda* e *terceira séries* **farão prova hoje.**

Palavras e expressões que merecem atenção

O **mesmo** é uma dessas palavras que merecem atenção, pois só varia se for sinônimo de **próprio**, ou seja, quando for **pronome**. Quando **mesmo** significar **realmente** será advérbio, portanto, ficará invariável. Os exemplos abaixo comprovam isso:

A aluna *mesma* (= própria) **elaborou os exercícios.**

Ela se mudou *mesmo.* (= realmente)

Mas não é só a palavra **mesmo** que merece atenção. Outras palavras e expressões apresentam alguns detalhes de concordância que exigem de você um cuidado especial. Fique de olho nelas a partir de agora.

Próprio, mesmo, anexo, incluso, quite e obrigado

Você certamente usa muitas dessas palavras no seu dia a dia, mas nunca é demais lembrar: elas concordam em gênero e número com o substantivo ou pronome a que estão ligadas. Veja os exemplos:

Ela própria assumiu os riscos.

Seguem *anexos* os *documentos* solicitados.

A *foto* está *inclusa* no pagamento.

Agora *João e o amigo* estão *quites*.

Muito *obrigado*, disse o *rapaz*.

Muito, pouco, bastante

Fique de olho nas palavras acima. Elas podem deixar você confuso na hora da concordância. Se estiverem funcionando como *advérbios* na frase, são *invariáveis*. E como você vai saber se são advérbios? Simples, basta ver a que palavras elas se referem. Se estiverem ligadas a *verbos*, *adjetivos* ou outros *advérbios*, serão *advérbios*. Os exemplos abaixo ilustram isso:

Ela cantava *muito* bem. (muito → ligado ao advérbio bem = advérbio)

Ele come *pouco* pela manhã. (pouco → ligado ao verbo comer = advérbio)

Os atletas treinam *bastante* para bater recordes. (bastante → ligado ao verbo treinar = advérbio)

Mas preste atenção: nem sempre os vocábulos muito, pouco e bastante são advérbios. Podem ser *pronomes indefinidos* e, nesse caso, vão *concordar com os substantivos* a que estão ligados. É o que se pode ver nos exemplos abaixo:

Fizeram *muito barulho* **durante o jogo.**

Foram *poucos os convidados* **que confirmaram presença.**

Enviaram *bastantes mensagens* **de apoio.**

DICA

A palavra **bastante** funciona exatamente como a palavra **muito**. Portanto, se você estiver na dúvida em flexioná-la ou não, veja a que termo ela se liga. Ligada a *verbo*, *adjetivo* ou *advérbio*, será *advérbio* e permanecerá invariável; ligada a *substantivo*, será pronome, apresentando possibilidade de flexão.

Meio

A palavra **meio** é outra que merece atenção. Ela pode atuar como *numeral*, nesse caso, pode se flexionar em gênero e número, ou pode funcionar como *advérbio*, permanecendo invariável. Os exemplos a seguir mostram isso:

Ele sempre bebe *meia* **taça de vinho durante as refeições.**

Isabel parecia estar *meio* **cansada.**

Note que, no primeiro exemplo, **meia** refere-se ao substantivo taça, indicando metade. É um *numeral* e, exatamente por isso, concorda com o substantivo **taça**. Já no segundo exemplo, **meio** está ligado ao adjetivo **cansada**, indicando intensidade. É um *advérbio*, que, como você já viu, é uma classe *invariável*.

CUIDADO

Você pode até achar estranho, mas, quando for numeral, **meio** admite também a variação de número. Devemos dizer:

Comprei duas *meias***-entradas**. (e não "meia-entradas")

Alerta e menos

Essas duas palavras nunca variam. Os exemplos abaixo confirmam isso:

Certos profissionais estão sempre *alerta*.

Gastei *menos* **folhas de papel neste trabalho.**

CUIDADO

De acordo com a norma-padrão, não existe a forma **menas**. Mesmo quando for *pronome indefinido*, o **menos** não deve variar:

Atualmente, *menos* **pessoas usam o carro para chegar ao trabalho.**

Note que o pronome indefinido **menos** não se flexiona, mesmo se referindo ao substantivo feminino **pessoas**.

Só

Dependendo da frase, a palavra **só** pode ser um *adjetivo* ou um *advérbio*. Como adjetivo, tem o sentido de **sozinho** e varia de acordo com o substantivo a que se refere. Já como advérbio, equivale a **somente** e é invariável. Basta então fazer a substituição. Observe os exemplos:

Crianças **têm medo de ficar** *sós* **em ambientes escuros.** (sós = sozinhas)

Só **os funcionários tinham acesso àquela área.** (só = somente)

Possível

O adjetivo **possível**, em expressões como **"O mais confortável possível"**, por exemplo, pode variar ou não, tudo vai depender do artigo que inicia a expressão. Assim, se o artigo estiver no singular, o adjetivo **possível** fica no singular; mas, se o artigo estiver no plural, o adjetivo **possível** também irá para o plural. Veja os exemplos:

Queria morar *o* **mais perto** *possível* **da família.**

As críticas foram *as* **mais elogiosas** *possíveis*.

É bom, é necessário, é proibido, é preciso

Observe com atenção as expressões formadas pelo verbo **ser** + **adjetivo** (**é bom**, **é necessário**, **é proibido**, **é preciso**), pois elas podem permanecer invariáveis ou variar.

Se o sujeito não estiver precedido de artigo ou qualquer outra palavra modificadora, a expressão fica invariável. É o que você pode ver nos exemplos abaixo:

É proibido entrada de pessoas estranhas.

Era necessário disposição para aquele trabalho.

Repare que os núcleos do sujeito das duas orações (**entrada** e **disposição**) não estão precedidos de artigo ou de qualquer outra palavra, por isso as expressões **é proibido** e **é necessário** ficam invariáveis.

Mas, se os núcleos estiverem precedidos de artigo ou qualquer modificador, as expressões concordam com o núcleo do sujeito. É isso que acontece nas frases acima quando acrescentamos o artigo **a** e o pronome **muita** antes dos núcleos do sujeito.

É *proibida a* entrada de pessoas estranhas.

Era *necessária muita* disposição para aquele trabalho.

Tal qual

Você, provavelmente, já usou a expressão **tal qual** para fazer uma comparação. A expressão, que significa *exatamente como*, *do mesmo modo*, tem um comportamento curioso quando se trata de concordância. A palavra **tal** concorda com o substantivo anterior e a palavra **qual**, com o substantivo que vem depois. É o que você percebe nos exemplos a seguir:

O *filho* é *tal qual* o *pai*.

O *filho* é *tal quais* os *pais*.

Os *filhos* **são** *tais qual* o *pai.*

Os *filhos* **são** *tais quais* os *pais.*

NESTE CAPÍTULO

» Definindo regência

» Apresentando os tipos de regência: verbal e nominal

» Conhecendo os casos especiais de regência verbal e nominal

Capítulo **18**

Regendo uma Orquestra de Verbos e Nomes: Entendendo o que É Regência

No Brasil, é muito comum usarmos no dia a dia o verbo **assistir** com o sentido de **ver** sem a preposição **a** e o verbo **chegar** acompanhado da preposição **em** e não da preposição **a**. Mas esses usos contrariam o padrão culto da língua. E é exatamente disso que este capítulo vai tratar: de *regência*, ou seja, da forma como verbos e nomes relacionam-se com seus complementos.

CAPÍTULO 18 **Regendo uma Orquestra de Verbos e Nomes...** 197

Vale lembrar que esse assunto está intimamente ligado à classificação dos verbos em intransitivos e transitivos. Por isso, antes de seguir a leitura, você pode dar uma refrescada na memória voltando ao Capítulo 9.

Definindo Regência

Existem termos em uma oração que regem e outros que são regidos. Você viu, no Capítulo 9, que há verbos e nomes que não têm sentido completo e, por isso, pedem um complemento. A regência estuda justamente essa relação entre os verbos e nomes e seus respectivos complementos. Assim, *verbos* e *nomes* são os termos *regentes* (pois exigem a presença de outros) e os complementos, *regidos*. Recebe o nome de *regência verbal* aquela que trata da relação entre verbo e seus complementos; a *regência nominal*, por sua vez, analisa as relações dos nomes com os seus complementos. Observe os exemplos abaixo:

> *Necessitava de* **ajuda naquele momento.**

> **Tinha** *necessidade de* **ajuda naquele momento.**

No primeiro exemplo, temos o verbo **necessitar**, que pede um *complemento* acompanhado obrigatoriamente da preposição **de**. Isso significa que há, entre o verbo **necessitar** e o complemento **de ajuda**, uma relação de dependência. Assim, **necessitar** é o termo *regente* e **de ajuda** o termo *regido*.

Você também pode perceber essa mesma relação de dependência entre o substantivo **necessidade** e o complemento **de ajuda**. Nesse caso, a regência é nominal, pois o *regente* é o substantivo **necessidade** e o *regido*, o termo **de ajuda**.

Conhecendo a Regência de Verbos e Nomes

Provavelmente, você está se perguntando como saber a regência de um verbo ou um nome. Bem, o conhecimento da regência de cada verbo é uma questão de uso. Isso significa que acabamos conhecendo a regência dos verbos e dos nomes que usamos com mais frequência. **Gostar de**, **referir-se a**, **devoção a**, **compatível com** são exemplos de regência bem conhecidos. Para conhecer a regência de verbos e nomes que estão fora do seu uso cotidiano, você pode recorrer a um bom dicionário de regência. Mas uma boa dica também é seguir a leitura e conhecer como determinados verbos e nomes se relacionam com seus complementos.

Quando o Verbo É o Regente: Casos de Regência Verbal

Como você já deve ter percebido, quando falamos em regência verbal, estamos tratando da relação entre o verbo e seu(s) complemento(s), ou seja, estamos identificando se o verbo tem ou não complemento e, se tiver, de que forma ele se relaciona com esse complemento, com ou sem preposição.

Mas há casos de regência verbal que merecem um cuidado especial, pois o uso popular difere do culto. E há ainda aqueles verbos que alteram o significado conforme alteram a regência. Para tentar organizar seus conhecimentos sobre regência, lá vai uma lista de vários verbos que costumam gerar dúvida. Fique de olho neles!

Brigando com a norma-padrão

No início deste capítulo, foram apresentados alguns verbos que têm certa dificuldade em relação à regência, pois, muitas vezes, seu emprego na linguagem coloquial é diferente daquele previsto pela norma-padrão. Abaixo, há uma relação desses verbos. Fique de olho neles!

Assistir

É bem provável que você empregue o verbo **assistir** com o sentido de ver *sem preposição*, mas não é isso que o padrão culto recomenda. Nesse sentido, o verbo deve vir acompanhado da preposição **a**.

Assistimos a **este filme duas vezes.** (e não "Assistimos este filme")

LEMBRE-SE

O verbo **assistir** também pode ser empregado com outros sentidos. No sentido de *ajudar, prestar assistência* não pede preposição, ou seja, é transitivo direto. No sentido de *caber* é transitivo indireto com a preposição **a**. E há ainda um sentido pouco conhecido do verbo **assistir**, é o sentido de *morar, residir*. Nesse sentido, o verbo é intransitivo e a preposição que você deve usar é **em**. Os exemplos abaixo mostram isso:

O médico *assistiu* (= prestou assistência) **o doente.**

Este direito não *assiste* (= cabe) *aos* **alunos.**

Eles assistem (= moram) *em* **Copacabana.**

Chegar

Na linguagem coloquial, o verbo **chegar** costuma ser empregado com a preposição **em**, mas, de acordo com a norma-padrão, a preposição adequada é **a**. É o que se vê no exemplo abaixo:

Chegamos a **São Paulo bem cedo.** (e não "em São Paulo")

Custar

No sentido de *ser custoso, ser difícil*, o verbo **custar** vem acompanhado da preposição **a**. Além disso, deve ser usado somente na 3ª pessoa do singular, tendo como sujeito uma oração subordinada reduzida. Veja o exemplo:

Custou *ao* **aluno entender o assunto.**

Na linguagem coloquial, é comum usarmos esse verbo com o sentido de *demorar* ou *ter dificuldade* tendo como sujeito uma pessoa, é o que se observa na frase: **Eu custei a chegar ao trabalho**. Mas é bom lembrar que esse uso não é recomendado pelo padrão culto.

Implicar

Você provavelmente já empregou o verbo **implicar** com o sentido de *acarretar, ter como consequência*. Nesses casos, o verbo **implicar** não pede preposição, ou seja, é um verbo transitivo direto. Mas, no uso coloquial, é bem comum aparecer acompanhado pela preposição **em**. Evite, nesse sentido, a preposição, pois contraria a norma-padrão. Veja o exemplo:

O excesso de velocidade *implica* **multas altas.** (e não "implica em")

Mas, se o sentido do verbo **implicar** for *chatear, perturbar* alguém, é empregada a preposição **com**.

Implicava **sempre** *com* **a irmã.**

Ir

O verbo **ir** tem a mesma regência do verbo **chegar**, ou seja, deve ser usado com a preposição **a**.

Vou ao **clube todos os dias.** (e não "no clube")

Namorar

Será que você anda namorando como deve? É muito comum empregarmos o verbo **namorar** acompanhado da preposição **com**, mas esse verbo exige complemento *sem preposição*.

João *namora* **Ana.** (e não "com Ana")

CAPÍTULO 18 **Regendo uma Orquestra de Verbos e Nomes...** 201

Obedecer

Seja obediente: o verbo **obedecer** pede a preposição **a**, ou seja, é um verbo *transitivo indireto* e não direto, como costuma ser usado na linguagem coloquial. Veja o exemplo:

Obedecemos ao **regulamento do edifício.**

LEMBRE-SE

É bom lembrar que os verbos **obedecer** e **desobedecer** são os únicos transitivos indiretos que admitem construção na voz passiva.

As leis de trânsito não são obedecidas em muitas cidades do país.

Pedir

O verbo **pedir** é outro exemplo da distância entre o que você fala no dia a dia e aquilo que o padrão culto determina. Esse verbo só deve ser acompanhado da preposição **para** se o sentido for *pedir autorização*, *licença* ou *permissão*. Mas se o que você quer é pedir que alguém faça alguma coisa para você, diga **Peço que**... Os exemplos abaixo deixam isso claro:

O aluno *pediu para* **sair da sala.** (= pediu permissão)

O juiz *pediu que* **trouxessem a testemunha.**

CUIDADO

O sentido do verbo **pedir** pode mudar totalmente dependendo da preposição usada (**a** ou **para**). Assim, pedir alguma coisa a alguém é pedir que alguém atenda ao que foi pedido. Já pedir alguma coisa para alguém é pedir alguma coisa em favor de alguém. Veja como isso fica claro nos exemplos abaixo:

A população *pediu* **ajuda** *aos* **policiais.** (= pediu que os policiais ajudassem)

A Igreja *pediu* **ajuda** *para* **os pobres.** (= pediu em favor dos pobres)

Preferir

O emprego do verbo **preferir** na linguagem coloquial também costuma contrariar o padrão culto. Esse verbo exige dois complementos: um sem preposição, outro com a preposição **a** e não com a preposição **de**, como é usado informalmente.

Prefiro **metrô** *a* **ônibus.** (e não "do que ônibus")

CUIDADO

É bem comum ouvirmos por aí as pessoas dizendo que *"preferem muito mais uma coisa"*. Esse tipo de construção é redundante, pois o verbo **preferir** já traz implícita a ideia de *gostar mais de*.

Mudando o sentido de acordo com a regência

Você acabou de ver situações de desencontro entre o uso popular e o culto em relação à regência de alguns verbos. Agora vai ser apresentado a verbos que alteram seu significado conforme alteram a regência. Venha conhecê-los!

Aspirar

Você certamente já empregou o verbo **aspirar** no sentido de *inalar*, *respirar* e também no de *desejar*, *pretender*. Resta saber se você escolheu a regência adequada para cada caso. Lembre-se de que no sentido de *respirar* o verbo **aspirar** não pede preposição, ou seja, é *transitivo direto*. Já no sentido de **desejar**, é *transitivo indireto* e exige a preposição **a**. É o que se vê nos exemplos:

Aspirava (= respirava) **o ar puro das montanhas durante as férias.**

O funcionário *aspirava a* (= desejava) **uma promoção na empresa.**

CAPÍTULO 18 **Regendo uma Orquestra de Verbos e Nomes...** 203

Chamar

Vou aproveitar e chamar você à atenção: o verbo **chamar** pode apresentar vários sentidos. E o primeiro deles acaba de ser apresentado: *repreender*. Nesse sentido, chamar é transitivo direto e indireto. Esse verbo também pode ser empregado no sentido de *convocar* ou *mandar vir* e, nesse caso, é transitivo direto, ou seja, não exige preposição.

O professor *chamou* (= repreendeu) **o aluno à atenção.**

Chame (= convoque) **as crianças para o lanche.**

LEMBRE-SE

O verbo **chamar** também pode ser usado no sentido de *denominar*, *apelidar* alguém, podendo ser tanto *transitivo direto* quanto *indireto*. É você quem decide, pois todas as opções abaixo são consideradas corretas. Nesse sentido, haverá sempre um predicativo do objeto na oração, que nos exemplos a seguir é a palavra **bobo**.

Chamei **o menino** *de* **bobo.**

Chamei *ao* **menino** *de* **bobo.**

Chamei o menino bobo.

Chamei *ao* **menino bobo.**

Proceder

Mais um verbo para sua coleção: **proceder** apresenta três sentidos diferentes em função da transitividade. No sentido de *ter fundamento* não exige complemento, ou seja, é intransitivo. Outro sentido possível é *originar-se*, *vir de algum lugar*. Nesse caso, é transitivo indireto e pede a preposição **de**. Já no sentido de *dar início*, *realizar*, a preposição exigida é **a**. É o que você pode comprovar nos exemplos abaixo:

Aqueles boatos não *procedem*. (= não têm fundamento)

O último voo *procede de* **Paris.** (= vem)

O médico *procedeu a* **um exame detalhado.** (= realizou)

Querer

Quer conhecer a regência desse verbo? Então, vamos lá: **querer** no sentido de *desejar* é transitivo direto, isto é, pede complemento sem preposição. Já no sentido de *estimar*, *ter afeto*, exige a preposição **a**. Veja os exemplos:

Quero **uma casa confortável.** (= desejo)

Quero **bem** *a* **todos da família.** (= estimo)

Visar

O verbo **visar** também varia de sentido de acordo com a regência: **visar** nos sentidos de *mirar*, *apontar*, *pôr visto* ou *rubricar* é transitivo direto, ou seja, não exige preposição. Já no sentido de *desejar*, *ter em vista*, é acompanhado pela preposição **a**. Observe os exemplos.

O atirador *visou* **o alvo com precisão.** (= mirou)

Visamos *a* **um futuro tranquilo.** (= desejamos)

Mudando a regência sem alterar o sentido

Agora, a situação é diferente: os verbos abaixo podem apresentar mais de uma regência, mas seu sentido não se altera. Conheça que verbos são esses.

Abdicar, desdenhar e gozar

Não desdenhe desta informação: os verbos **abdicar**, **desdenhar** e **gozar** podem ser usados como transitivos diretos ou indiretos, com a preposição **de**.

Abdicou **suas funções.**/*Abdicou de* **suas funções.**

Desdenhava **as críticas recebidas.**/*Desdenhava das* **críticas recebidas.**

Sempre *gozou* **privilégios na empresa.**/**Sempre** *gozou de* **privilégios na empresa.**

Acreditar e necessitar

Talvez você não acredite, mas é verdade: esses dois verbos, que normalmente são usados com as preposições **em** e **de** respectivamente, podem ser empregados sem preposição, ou seja, como verbos transitivos diretos.

Não *acreditavam em* **uma derrota.**/**Não** *acreditavam* **uma derrota.**

Necessitamos de **toda ajuda possível.**/*Necessitamos* **toda ajuda possível.**

Atender, anteceder, preceder, presidir e renunciar

Não renuncie ao seu direito de escolha: os verbos **atender**, **anteceder**, **preceder**, **presidir** e **renunciar** admitem duas construções — uma transitiva direta e outra indireta com a preposição **a**, sem qualquer alteração de sentido. Observe os exemplos:

Atendeu **o meu pedido.**/*Atendeu a*o **meu pedido.**

Seu telefonema *antecedeu* **meu pedido de desculpas.**/**Seu telefonema** *antecedeu a*o **meu pedido de desculpas.**

A palestra *precedeu* **o coquetel.**/**A palestra** *precedeu a*o **coquetel.**

Os próprios alunos *presidiram* **o encontro.**/**Os próprios alunos** *presidiram a*o **encontro.**

Renunciou **os benefícios do cargo.**/*Renunciou a*os **benefícios do cargo.**

Almejar e ansiar

Esses dois verbos têm muita coisa em comum. Além do sentido de **desejar**, podem ser usados sem preposição ou com a preposição **por** (**pelo**, **pela**, **pelos**, **pelas**). Veja os exemplos:

Almejo **dias melhores.**/*Almejo por* **dias melhores.**

Ansiava **novas experiências.**/*Ansiava por* **novas experiências.**

Agradecer, pagar e perdoar

Você deve estar se perguntando o que esses verbos têm em comum. Na verdade, os três apresentam *objeto direto* que representa coisa e *objeto indireto* que representa pessoa. Os exemplos abaixo confirmam isso:

Agradeci a **meus pais o presente.**

Paguei **o valor solicitado** *ao* **síndico.**

O padre *perdoou* **o pecado** *ao* **jovem.**

Note que, em todos os exemplos, os objetos indiretos estão representados por pessoas: **a meus pais**, **ao síndico**, **ao jovem** e os objetos diretos, por coisas: **o presente**, **o valor solicitado**, **o pecado**.

Atentar

Atente para este fato: o verbo **atentar** admite três regências diferentes. Isso dá a você muita liberdade ao empregá-lo. Ele pode ser usado sem preposição ou com as preposições **em** ou **para**.

Atentava **os mínimos detalhes.**

*Atentava n*os **mínimos detalhes.**

Atentava para **os mínimos detalhes.**

Cogitar

O verbo **cogitar** também admite três regências diferentes. Ele pode ser usado sem preposição ou com as preposições **de** ou **em**. A escolha é toda sua.

Cogitei **um novo plano.**

Cogitei de **um novo plano.**

Cogitei em **um novo plano.**

Informar

Esse verbo é, sem dúvida, muito versátil. Ele tanto pode apresentar objeto direto representado por coisas e indireto, por pessoas quanto o contrário. A escolha é sua. Os exemplos abaixo deixam isso claro:

Informei **as datas de prova** *aos* **alunos** — repare que, nesse exemplo, o objeto direto é representado por coisa (*as datas de prova*) e o objeto indireto por pessoa (*aos alunos*).

Informei **os alunos** *das* (ou **sobre** as) **datas de prova** — já nesse exemplo o objeto direto indica a pessoa (*os alunos*) e o objeto indireto, a coisa (*das datas de prova*).

Lembrar e esquecer

Desses verbos você não pode se esquecer: eles podem ser usados como transitivos diretos, isto é, sem preposição, ou como transitivos indiretos acompanhados da preposição **de**. Mas fique de olho em um detalhe muito importante: quando forem transitivos indiretos, esses verbos são pronominais, ou seja, são acompanhados de pronomes átonos. É o que você vê nos exemplos abaixo:

Lembrei **o dia do seu aniversário.**

Lembrei-me d**o dia do seu aniversário.**

Ela nunca *esquecia* **os amigos de infância.**

Ela nunca *se esquecia* d**os amigos de infância.**

Pronomes Relativos e Preposições: Uma Dupla do Barulho

Em algumas situações, o pronome relativo vem precedido de preposição. Isso depende diretamente da regência do verbo ao qual o pronome relativo se liga. Mas a grande verdade é que, na linguagem coloquial, essas preposições que antecedem o pronome relativo costumam ser esquecidas.

É bem comum, por exemplo, ouvirmos por aí frases do tipo "O futebol é o esporte que o brasileiro mais gosta". Com certeza, quem não deve estar gostando nada disso é seu professor de português, que ensinou a você que o verbo **gostar** pede a preposição **de**. Assim, a frase adequada de acordo com a norma-padrão é: **O futebol é o esporte *de* que** (ou **do qual**) **o brasileiro mais gosta**. Note que o pronome relativo **que** substitui o termo **esporte**, funcionando como complemento do verbo **gostar**. Como o verbo **gostar** é transitivo indireto, a preposição exigida por ele (**de**) se desloca para a frente do complemento (**que**).

É bem provável que você esteja se perguntado como saber se há ou não preposição antes do pronome, ou qual é essa preposição. Na verdade, é simples, é o verbo que está logo depois do pronome relativo que vai dizer se a preposição é necessária ou não. Por isso, pergunte a ele.

Veja só a frase, que está inadequada do ponto de vista da norma-padrão: "A aluna a qual falei chama-se Maria."

No exemplo, a forma verbal que aparece depois do pronome relativo (**a qual**) é **falei**. Bem, o verbo **falar** pede preposição: falamos **de** alguém ou **com** alguém e não "falamos alguém". A preposição **com** ou **de** é necessária nesse caso. Logo, basta colocar a preposição na frente do pronome relativo. Assim, diga:

> **A aluna com a qual falei se chama Maria.** (se você estiver falado com a Maria)

ou

> **A aluna da qual falei se chama Maria.** (se você estiver falado sobre a Maria).

LEMBRE-SE

Sempre que o pronome relativo for antecedido de preposição com mais de uma sílaba, use o relativo **o qual** (e suas flexões), como no exemplo a seguir:

Está esgotado o livro sobre *o qual* falamos ontem.

Note que a preposição **sobre** apresenta mais de uma sílaba, por isso o ideal é que se use o pronome relativo **o qual** e não **que**.

Nos demais casos, prefira o pronome relativo **que**.

Eu O Vi ou Eu Lhe Vi?

Que pronome escolher para substituir o complemento de um verbo? Esse assunto está intimamente relacionado à regência verbal. Você já sabe que tanto o objeto direto quanto o indireto podem ser substituídos pelos pronomes pessoais oblíquos átonos (me, te, se, o, a, os, as, lhe, lhes, nos, vos). Lembra-se deles? Se você quiser dar uma relembrada nesse assunto, basta voltar ao Capítulo 6.

Essa substituição em geral acontece quando estamos escrevendo um texto e não queremos repetir determinada palavra. É o que você pode ver na frase **Encomendei os livros, mas ainda não os recebi.** Para não repetir a palavra **livros**, foi usado o pronome oblíquo **os**.

Mas é bom prestar atenção a um detalhe ao fazer essa substituição: alguns pronomes oblíquos só podem substituir determinados tipos de complemento verbal. Por exemplo, os pronomes oblíquos **o**, **a**, **os**, **as** substituem o *objeto direto*. Já os pronomes **lhe**, **lhes** ficam no lugar do *objeto indireto*. E os pronomes **me**, **te**, **nos**, **vos** podem substituir tanto o *objeto direto* quanto o *indireto*.

Nas frases a seguir, isso fica bem claro:

Eu vi *João* **ontem/Eu** *o* **vi ontem** — o pronome oblíquo **o** foi usado para substituir o termo **João**, que funciona como objeto direto, pois o verbo **ver** é transitivo direto.

Entregou o livro *ao aluno*/**Entregou-lhe o livro** — nesse caso, o pronome oblíquo **lhe** foi empregado para substituir o objeto indireto **ao aluno**, pois o verbo **entregar** é transitivo direto e indireto.

Ele *nos* **viu ontem/Entregou-***nos* **o livro** — repare agora como o pronome oblíquo **nos** (e também os pronomes **me**, **te** e **vos**) podem

210   PARTE 4 **Seguindo a Norma-padrão**

funcionar tanto como objeto direto quanto indireto. No primeiro caso, o pronome **nos** é objeto direto; no segundo, indireto.

Quando o Nome É o Regente: Casos de Regência Nominal

Já falamos um pouco sobre a regência nominal no início deste capítulo, mas não custa relembrar: a *regência nominal* trata das relações de dependência entre os nomes (substantivos, adjetivos e advérbios) e seus complementos. É isso mesmo, os nomes, da mesma forma que os verbos, também pedem complementos para ampliar seu sentido. Assim, o nome é chamado de *termo regente* e o complemento, *termo regido*.

Uma boa dica para identificar a regência de alguns nomes é compará-los com os verbos dos quais eles derivam. Por exemplo, se você quer saber a regência dos nomes **referência** (substantivo), **referente** (adjetivo) ou **referentemente** (advérbio), busque a regência do verbo **referir**, pois, de modo geral, a regência é a mesma. Assim, como **referir-se** pede a preposição **a**, **referência**, **referente** e **referentemente** também funcionarão do mesmo modo.

Uma boa notícia sobre a regência nominal é que há pouca divergência entre o uso coloquial e aquilo que a norma-padrão estabelece, ao contrário do que ocorre com a regência verbal.

Para tentar organizar melhor o assunto, vamos apresentar uma lista de substantivos e adjetivos em ordem alfabética acompanhados de suas preposições.

acessível a	acostumado a, com
afeição a, por	agradável a
alheio a, de	análogo a
apto a, para	atento a, com, em

(continua)

(continuação)

ansioso de, para, por	aversão a, para, por
ávido de, por	bacharel em
benéfico a	capacidade de, para
capaz de, para	compaixão de, para com, por
compatível com	contemporâneo a, de
contente com, de, em, por	contíguo a
contrário a	curioso de, por
descontente com	desejoso de
desprezo a, de, por	devoção a, para com, por
devoto a, de	diferente de
dúvida acerca de, em, sobre	empenho de, em, por
entendido em	equivalente a
escasso de	essencial para
fácil de	fanático por
favorável a	feliz com, de, em, por
generoso com	grato a, por
hábil em	habituado a
horror a	idêntico a
impróprio para	indeciso em
insatisfeito de, com, em, por	insensível a
junto a, com, de	liberal com
medo a, de	natural de
necessário a	necessidade de
nocivo a	obediência a
ojeriza a	oportunidade de, para
orgulho de	paralelo a

212   PARTE 4 **Seguindo a Norma-padrão**

parco de, em	passível de
preferível a	prejudicial a
prestes a	propenso a, para
propício a	próximo a, de
rente a	residente em
respeito a, com, de, para com, por	relacionado com
rigoroso com, em	satisfeito de, com, em, por
semelhante a	sensível a
sito em	suspeito de
temor a, de	união a, com, entre
útil a	vazio de
versado em	

PARTE 4 **Seguindo a Norma-padrão**

NESTE CAPÍTULO

» **Definindo colocação pronominal**

» **Apresentando a ordem direta e a inversa**

» **Conhecendo os princípios básicos de posicionamento dos termos na oração**

» **Colocando os pronomes átonos na oração**

Capítulo **19**

Conhecendo Seu Lugar: A Colocação dos Termos na Oração

Nos Capítulos 9, 10 e 11, você conheceu os termos que formam uma oração. Agora é hora de ver como eles se organizam na oração. O modo de dispor os termos em uma oração varia de língua para língua. Cada uma possui seus mecanismos. Conheça agora qual é a ordem mais comum dos termos da oração em português.

Definindo Sintaxe de Colocação

Antes de tudo, é importante saber exatamente o que é *sintaxe de colocação*. É isso mesmo que você está pensando: a questão da colocação dos termos da oração faz parte dos estudos de sintaxe. Aliás, verificar a posição do termo na frase é fundamental para estabelecer as relações de concordância e regência, que você acabou de conhecer nos Capítulos 16, 17 e 18.

Na verdade, a sintaxe de colocação trata da ordem dos termos na oração. Em português, a colocação dos termos na frase é, na maioria das vezes, livre. É claro que há alguns limites, pois, em alguns casos, a mudança da ordem pode alterar totalmente o significado da oração. As frases a seguir confirmam isso:

Do terraço, o público assistiu ao espetáculo.

O público assistiu ao espetáculo do terraço.

Note que a simples mudança de posição do termo **do terraço** altera completamente o sentido original da oração. Na primeira, o público estava **no terraço** e de lá assistiu ao espetáculo; na segunda, o espetáculo era encenado **no terraço**. Isso significa que, em se tratando de colocação de palavras, a ordem dos fatores pode, sim, alterar o produto.

Por isso, fique atento: há alguns princípios que controlam a colocação de palavras, como *a clareza do significado*, *a ênfase que se quer dar a determinado termo* e a *eufonia*, ou seja, o bom som da frase.

Ordem Direta ou Inversa?

Na língua portuguesa, existe uma ordem mais comum de os termos aparecerem na oração. É a chamada *ordem direta*. Nessa ordem, os termos regentes precedem os regidos. Assim, a *ordem direta*, também chamada de *natural* ou *canônica*, é a seguinte: *sujeito → verbo → complemento do verbo → adjuntos adverbiais*. É o que se vê na Tabela 19–1.

TABELA 19-1 Ordem direta dos termos da oração

Os alunos	fizeram	a prova de português	ontem
Sujeito	verbo	complemento do verbo (objeto direto)	adjunto adverbial

Na ordem inversa, a sequência lógica dos termos é alterada, e o verbo vem antes do sujeito e os complementos ou adjuntos, antes do verbo. Veja na Tabela 19-2 como fica a oração acima na ordem inversa.

TABELA 19-2 Ordem inversa dos termos da oração

Ontem,	fizeram	a prova de português	os alunos
adjunto adverbial	verbo	complemento do verbo (objeto direto)	sujeito

Faça o Que Eu Digo, Não Faça o Que Eu Faço: A Colocação de Pronomes Átonos

Você viu, no Capítulo 6, que os pronomes pessoais oblíquos podem ser átonos ou tônicos. E o que isso significa exatamente? Na verdade, isso tem a ver com a forma como esses pronomes são pronunciados. Os tônicos apresentam acento tônico. Já os átonos (**me**, **te**, **se**, **o**, **a**, **os**, **as**, **lhe**, **lhes**, **nos**, **vos**) são pronunciados de maneira fraca e, por isso, sua pronúncia acaba se apoiando na sílaba tônica de outra palavra, o verbo. Você até já deve ter sentido na pele a dificuldade de escolher o lugar ideal para colocar um desses pronomes átonos na frase no momento de escrever um texto. Me diga ou diga-me? Essa dúvida é bem comum e atormenta muita gente.

Onde pode ficar o pronome átono?

Primeiro, você precisa saber que os pronomes oblíquos podem ficar em três posições em relação ao verbo:

» Antes do verbo = *próclise* — Não *me* diga!

» Depois do verbo = *ênclise* — Encontrei-*o* no cinema.

» No meio do verbo = *mesóclise* — Dir-*lhe*-ei toda a verdade.

Agora que você já sabe em que posições os pronomes átonos podem aparecer na frase, vamos ver o que faz com que eles fiquem antes, depois ou no meio do verbo.

Colocando o pronome antes do verbo: A próclise

Existem umas palavrinhas que são verdadeiros ímãs para os pronomes átonos. Sempre que aparecem, os pronomes vão para perto delas. São até chamadas de palavras atrativas. Quando essas palavras estão na frase, o pronome átono vai para a frente do verbo para ficar mais perto delas. Assim, ocorrerá a *próclise* (colocação do pronome antes do verbo) sempre que algumas das palavras abaixo aparecerem antes do verbo:

» Palavras negativas (não, jamais, ninguém, nada, nem etc.): Ninguém *me* telefonou.

» Advérbios que não vêm separados por vírgulas (amanhã, aqui, hoje, ontem, talvez etc.): Ontem *me* encontrei com amigos de infância. Mas repare que, se houver vírgula depois do advérbio, o pronome fica depois do verbo: Ontem, encontrei-*me* com amigos de infância.

» Pronomes relativos (que, o qual, quem, cujo, quanto etc.): A aluna que *lhe* pediu o livro se chama Maria.

- » Pronomes indefinidos (algo, alguém, muitos, poucos, todos, tudo etc.): Tudo *se* resolveu da melhor maneira possível.

- » Pronomes interrogativos e advérbios interrogativos (que, quem, qual, quanto, como, onde, por que, quando): Como *se* escreve seu nome?

- » Palavras exclamativas (como, quanto, quem etc.): Como **nos** alegrou a sua chegada!

- » Conjunções subordinativas (como, conforme, desde que, embora, já que, que, se, porque, para que, quando etc.): Se *a* encontrar, darei o recado.

- » Frases inteiras que indiquem desejo: Deus **nos** ilumine!

Colocando o pronome depois do verbo: A ênclise

O português falado no Brasil apresenta maior tendência para a próclise, isto é, para a colocação do pronome antes do verbo, por isso são poucas as situações em que ocorre a ênclise, como você vai perceber agora. A *ênclise* vai ser usada nos seguintes casos:

- » Quando o verbo inicia a frase: Tratava-*me* com muito carinho.
- » Nas frases imperativas (frases que indicam ordem): Ajude-*o* a sair!
- » Com verbos no gerúndio (a forma nominal do verbo terminada em -ndo): Entregou o trabalho, retirando-*se* em silêncio logo depois.

CUIDADO

Se o gerúndio estiver precedido da preposição **em**, o pronome virá antes do gerúndio. Veja o exemplo:

Em *se* tratando de futebol, ele é especialista.

Colocando o pronome no meio do verbo: A mesóclise

Enfim, chegamos à *mesóclise*, que é pouco usada no português do Brasil. Ela é usada em duas situações: ou com verbo no *futuro do presente* (**entregarei**) ou no *futuro do pretérito* (**entregaria**).

A mesóclise não é nada mais nada menos do que um "sanduíche de pronome". Pegamos o verbo, o pão do sanduíche, dividimos em duas partes e colocamos o recheio, que é o pronome átono. É importante notar que a divisão do verbo se faz sempre no infinitivo.

Repare na frase a seguir:

Entregar-*lhe*-ei o presente.

Como o verbo está no futuro do presente (**entregarei**), a mesóclise é recomendada. Assim, a forma **entregarei** é interrompida logo depois do infinitivo (**entregar**); em seguida, coloca-se o pronome átono (**lhe**) e, por fim, acrescenta-se o que ficou sobrando da forma **entregarei** depois que foi retirado o infinito (entregarei - entregar = ei): **Entregar + lhe + ei**.

É bom lembrar que a norma-padrão não recomenda a ênclise com verbos no futuro do presente ou do pretérito. Assim, não escreva "Entregarei-lhe o presente".

CUIDADO

Se houver uma palavra atrativa antes do verbo, a próclise (pronome antes do verbo) terá preferência:

Amanhã *lhe* entregarei o presente.

Note que o advérbio **amanhã** atrai o pronome **lhe**, que fica antes do verbo, caracterizando, assim, a próclise.

5

Escrevendo Certo: Tudo o que Você Precisa para Não Passar Vergonha

NESTA PARTE...

Escrevendo certo... esta parte vai solucionar aquelas dúvidas que costumam aparecer sempre que temos de escrever um texto. Uso x ou ch? Acentuo ou não essa palavra? Craseio ou não o a? Bem, você só precisa ler as próximas páginas para encontrar as respostas. No Capítulo 20, você vai ser apresentado às regras de acentuação. No Capítulo 21, a crase deixa de ser um mistério. No Capítulo 22, você vai conhecer algumas regras de ortografia. No Capítulo 23, é a hora de aprender a usar o hífen.

NESTE CAPÍTULO

» Descobrindo a importância de acentuar corretamente as palavras

» Entendendo o que é sílaba tônica

» Classificando as palavras quanto à posição da sílaba tônica

» Dominando as regras de acentuação gráfica

Capítulo **20**

Sábia, Sabia ou Sabiá? Como Acentuar Corretamente as Palavras

O s acentos têm uma grande importância, pois nos ajudam a pronunciar corretamente as palavras e, em alguns casos, ajudam até a reconhecer sua significação. Dê uma olhada nas palavras sábia, sabia e sabiá. Justamente a sílaba tônica, acentuada graficamente ou não, faz com que você perceba que a primeira palavra é um adjetivo que caracteriza a pessoa que tem sabedoria, a segunda é uma forma do verbo saber e a terceira é o nome de um pássaro.

Conceitos Importantes para Acentuar Corretamente as Palavras

Acentuar graficamente uma palavra é colocar sobre a sílaba tônica dessa palavra o acento agudo (´) ou o circunflexo (^), mas há regras para o uso desses acentos. Antes de conhecer as regras de acentuação gráfica, você precisa estar por dentro de alguns conceitos para acentuar corretamente as palavras.

>> *Sílaba tônica*: É a sílaba pronunciada com mais intensidade, isto é, com mais força que as outras.

Você já deve ter notado que nem todas as sílabas de uma palavra são pronunciadas com a mesma força. Nas palavras **sorte**, **alegria**, **ótimo**, por exemplo, as sílabas **sor-**, **-gri-** e **ó-** se destacam em **relação** às outras porque são pronunciadas com mais esforço. Por esse motivo, são chamadas de *sílabas tônicas*. Já as sílabas que são pronunciadas com menor intensidade são chamadas de *átonas.*

Em português, dependendo da posição da sílaba tônica, as palavras com mais de duas sílabas são classificadas como:

>> *Oxítonas*: Quando a sílaba tônica é a última.

   Exemplo: sa-bi-**á**.

>> *Paroxítonas* Quando a sílaba tônica é a penúltima.

   Exemplo: sa-**bi**-a.

>> *Proparoxítonas*: Quando a sílaba tônica é a antepenúltima.

   Exemplo: **sá**-bi-a.

Outros conceitos que você deve conhecer para acentuar corretamente as palavras

» *Monossílabo tônico*: O monossílabo tônico é a palavra de apenas uma sílaba, que é pronunciada de maneira forte. Os monossílabos tônicos podem ou não ter acento gráfico. Por exemplo, na frase Ele sai a pé diariamente, as palavras sai e pé são monossílabos tônicos.

» *Ditongo*: O ditongo é o encontro de duas vogais em uma mesma sílaba. Para sermos mais exatos, é o encontro de uma *vogal* (V) e uma *semivogal* (SV) ou de uma *semivogal* e uma *vogal*. A semivogal é pronunciada de modo mais fraco que uma vogal, ou seja, com menos intensidade. Por exemplo, na palavra muito, há, na sílaba mui-, o encontro da vogal u com a semivogal i. É o que chamamos de *ditongo decrescente* (V + SV). Já na palavra igual, o ditongo ua é formado por uma semivogal e uma vogal. Nesse caso, o *ditongo* é chamado de *crescente*, pois a semivogal vem antes da vogal (SV + V).

» *Hiato*: O hiato é o encontro de duas vogais seguidas que pertencem a sílabas diferentes. Na palavra saúde, por exemplo, o a e o u formam um hiato, pois fazem parte de sílabas diferentes. Você pode perceber isso ao dividir as sílabas da palavra sa-ú-de. As vogais a e u formam, assim, um hiato.

Regras de Acentuação

Para acentuar corretamente as palavras, você precisa conhecer algumas regras. Vamos a elas:

Regra 1

A regra 1 é bem simples: todas as palavras proparoxítonas são acentuadas; ou seja, basta que a antepenúltima sílaba da palavra seja tônica que ela será acentuada. Observe os exemplos: **má**-gi-ca, **ár**-vo-re, **rá**-pi-do, **pês**-se-go.

Regra 2

A regra 2 diz respeito à acentuação das palavras paroxítonas. Ao contrário do que acontece com as proparoxítonas, nem todas as paroxítonas serão acentuadas. É a terminação que vai dizer se uma paroxítona é acentuada ou não.

São acentuadas as palavras paroxítonas terminadas em:

ã, ãs: imã, órfãs
ão, ãos: sótão, órgãos
i, is: jú-ri, lá-pis
om: rádom
on(s): elétron
um, uns: álbum, álbuns
us: bônus
l: agradável
n: pólen
ps: tríceps
r: açúcar
x: tórax
ditongo seguido ou não de s: fáceis

DICA

Para facilitar a acentuação das paroxítonas, lembre-se de que não recebem acento aquelas que terminam em a(s), e(s), o(s), em, ens, am. Todas as outras serão acentuadas.

Regra 3

Quanto às oxítonas, a terminação também vai determinar se elas são ou não acentuadas. São acentuadas as palavras oxítonas terminadas em:

a(s): maracujá

e(s): você

o(s): avó

em: alguém

ens: parabéns

Regra 4

A regra 4 trata da acentuação dos monossílabos tônicos: são acentuados os monossílabos tônicos terminados em:

a(s): já

e(s): pé

o(s): nó

Regra 5

Esta regra trata da acentuação dos ditongos ei, eu e oi. São acentuados os ditongos ei, eu e oi quando forem pronunciados de forma aberta e tônica nos **monossílabos** e nas **palavras oxítonas**.

ei(s): papéis

eu(s): céu

oi(s): herói

CUIDADO

Com a última reforma ortográfica, os ditongos abertos ei, eu e oi deixaram de ser acentuados nas palavras paroxítonas. Assim, a palavra herói é acentuada porque é *oxítona*, mas a palavra heroico não recebe mais acento por ser *paroxítona*.

Regra 6

A regra dos hiatos diz que será acentuada a segunda vogal tônica i ou u dos hiatos quando estiver sozinha na sílaba ou seguida de s.

heroína — he-ro-**í**-na

egoísmo — e-go-**ís**-mo

saúde — sa-**ú**-de

balaústre — ba-la-**ús**-tre

CUIDADO

O i e o u dos hiatos não serão acentuados:

> » Quando estiverem seguidos de letra diferente de s.

Por exemplo, a palavra juiz, diferentemente de juízes, não é acentuada, pois a segunda vogal do hiato (i) está acompanhada de z (ju-**iz**). Já na palavra **juízes**, a segunda vogal do hiato (**i**) está sozinha na sílaba (ju-**í**-zes).

> » Quando a sílaba seguinte começar por nh.

Por exemplo, nas palavras **rainha** e **bainha**, o **i** é a segunda vogal do hiato, é tônico, mas a sílaba seguinte começa por **nh**. Assim, o **i** não será acentuado.

> » Quando o i ou u estiverem repetidos.
> » Na palavra xiita, como as vogais do hiato são repetidas, não se acentua a segunda vogal.

NESTE CAPÍTULO

» Entendendo o que é a crase

» Aprendendo a crasear

Capítulo **21**

A Crase: Um Caso Não Tão Grave

Muitas pessoas consideram a crase um bicho de sete cabeças; mas, na verdade, o fenômeno não é nada complicado. A crase é simplesmente o encontro de dois **a**. E justamente para não repetirmos os dois, escrevemos um só e usamos o acento grave (`) para mostrar que houve essa junção. Depois de ler este capítulo, você vai perceber que o caso não é tão grave assim.

O que É a Crase?

Antes de aprender a crasear, você precisa entender o que é a *crase*.

A *crase* é a junção de dois *a* em um só. Essa fusão pode ocorrer entre:

» A preposição a e o artigo definido a. Nesses casos, grande parte dos problemas para crasear já está resolvida, pois o artigo *a* só aparece antes de palavras femininas; logo, o *a* não será craseado diante de palavras masculinas.

CAPÍTULO 21 **A Crase: Um Caso Não Tão Grave** 229

>> A preposição a e o a inicial do pronome demonstrativo aquele(s), aquela(s), aquilo.

>> A preposição a e o pronome demonstrativo a.

>> A preposição a e o a inicial do pronome relativo a qual.

Facilitando Sua Vida...

Às vezes, ao escrever um texto, surge uma dúvida sobre crase e você não tem muito tempo para pensar sobre a questão. É para solucionar rapidamente essas dúvidas que servem as listinhas a seguir:

Casos em que ocorre crase

>> Antes de palavra feminina determinada pelo artigo definido a ou as e dependentes de termos que exijam a preposição a.

Vou *à escola*.

>> Antes dos pronomes demonstrativos aquele(s), aquela(s), aquilo, a(s) precedidos de preposição.

Fui *àquela* loja.

Esta blusa é igual *à* (aquela) que comprei.

>> Nas indicações de horas.

Acordo *às seis horas* diariamente.

>> No a que inicia as locuções (*adverbiais, prepositivas, conjuntivas*) com palavra feminina.

Sai cedo e só volta *à noite*.

Você aprenderá *à medida que* for estudando.

Estava *à espera de* uma boa notícia.

230   PARTE 5 Escrevendo Certo: Tudo o Que Você Precisa para Não...

Casos em que não ocorre crase

» Antes de palavra masculina. Lembre-se: O artigo a transforma-se em o diante de palavras masculinas; logo, esse a que aparece diante de substantivos masculinos é uma simples preposição.

Pagou as compras *a* prazo.

» Antes do artigo indefinido uma. Lembre-se: Não usamos dois artigos diante de um mesmo substantivo. Assim, se o uma já é um artigo, o a que o precede é simplesmente uma preposição.

Já assistiu *a* uma tourada?

» Antes de verbo. Lembre-se: Os artigos não se ligam a verbos. Esse a que antecede os verbos é, pois, uma preposição.

A partir de hoje, trabalharemos juntos.

» Antes de pronomes que não admitem artigo. Lembre-se: Os pronomes pessoais, demonstrativos, indefinidos, relativos ou interrogativos não admitem artigo. A única exceção ocorre com aquele, aquela, aqueles, aquelas e a qual, as quais, que, por começarem por a, podem se fundir com a preposição.

Entregou o livro *a* elas.

Entregou o livro *a* algum funcionário.

Ela é uma pessoa *a* quem respeito muito.

» Antes de nome de lugar que é usado sem artigo.

Voltarei *a* Londres ainda este ano.

» Em expressões com palavras repetidas.

Ficaram frente *a* frente naquela festa.

» Antes de numeral (exceto nas indicações de horas).

A escola fica *a* duas quadras daqui.

Para verificar se o **a** deve ser craseado, substitua a palavra feminina por outra masculina que tenha sentido próximo; se o resultado da troca for **ao**, o **a** receberá o acento grave indicativo da crase. Veja como é fácil!

Compareci à reunião ontem. (Compareci *ao* encontro ontem.)

Entreguei o livro à aluna. (Entreguei o livro *ao* aluno.)

Para verificar se craseamos ou não um **a** diante de nome de lugar, vale substituir o verbo da frase por outro de sentido oposto. Se, após a substituição, a nova preposição usada aparecer combinada com artigo, o **a** será craseado. Caso a preposição apareça sozinha, não ocorrerá crase.

Irei à Tijuca. (Voltarei *da* [preposição **de + artigo **a**] Tijuca.)**

Irei *a* Copacabana. (Voltarei *de* [apenas preposição] Copacabana.)

NESTE CAPÍTULO

» Conhecendo algumas regras de ortografia

Capítulo **22**

Taxa ou Tacha? Descomplicando a Ortografia

V océ já deve ter sentido na pele a dificuldade de escrever algumas palavras. **X** ou **CH**? **S** ou **Z**? No caso de **taxa** e **tacha**, por
exemplo, as duas formas estão corretas e cada uma tem seu
significado. A primeira significa *imposto* e a segunda, *prego pequeno*.
Assim, trocar uma letra por outra na hora de grafar uma palavra pode
causar muita confusão, mas existem algumas regras que podem ajudar você a escrever corretamente.

Escolhendo a Consoante Adequada

Como você já deve ter percebido no seu dia a dia, grafar corretamente as palavras do português não é tarefa muito fácil. Uma das dificuldades, por exemplo, é o fato de um mesmo fonema (unidade de som capaz de estabelecer diferenças de significado) poder ser representado por mais de uma letra, e uma mesma letra poder representar mais de um fonema. É o que se vê no exemplo a seguir: o fonema **/z/** pode ser representado pela própria letra **Z**, no caso de **zebra**, ou também pela letra **S**, quando ela estiver entre duas vogais, como ocorre na palavra **casa**. E a mesma letra s também representa o fonema **/s/**, como ocorre na palavra **sola**.

Para solucionar dúvidas na hora de escolher a consoante adequada, você pode recorrer às regrinhas abaixo:

Usa-se a letra S

» Nos verbos por e querer.

LEMBRE-SE

Todas as formas desses verbos são *sempre* escritas com a letra **S**, mesmo que o som seja de **Z**.

Se ele puSer o livro sobre a mesa, irá encontrá-lo com facilidade.

Eu puS o livro sobre a mesa.

Eu sempre quiS conhecer o Brasil.

Nós sempre quiSemos conhecer o Brasil.

» Depois de ditongo.

Exemplos: c*oi*Sa, p*au*Sa, n*áu*Sea.

LEMBRE-SE

A letra **S** entre duas vogais tem som de **Z**. Assim, depois de ditongos, usaremos a letra **S** se quisermos que ela tenha o som de **Z**.

» Nos sufixos ES, ESA, ISA que indicam profissão, títulos de posição social, origem e nacionalidade.

Exemplos: camponÊS, marquESA, inglESA.

» Nos substantivos derivados de verbos terminados em ENDER, PELIR e VERTER, usa-se S.

Exemplos: ascENDER/ascenSão, exPELIR/expulSão, reVERTER/reverSão.

» Nos adjetivos terminados pelo sufixo OSO.

Exemplos: cheirOSO/dengOSO/pastOSO.

» Nos adjetivos terminados pelo sufixo ENSE.

Exemplos: paraENSE/canadENSE/palmeirENSE.

» Nas palavras derivadas de outras que são escritas com S. Por exemplo, analisar deriva da palavra análise, que se escreve com S; logo, analisar também será escrita com S.

Exemplos: análiSe/analiSar, atraSar/atraSado.

CUIDADO

O verbo **catequizar**, apesar de se originar da palavra **catequese**, que se escreve com **S**, é grafado com **Z**.

Usa-se SS

» Nos substantivos derivados de verbos que terminem em CEDER, GREDIR, PRIMIR e TIR .

Exemplos: suCEDER/suceSSão, aGREDIR/agreSSão, imPRIMIR/impreSSão, admiTIR/admiSSão, discuTIR/discuSSão.

Usa-se Z

» Nos substantivos terminados em: EZ, EZA formados a partir de adjetivos.

Exemplos: limpo/limpEZA, claro/clarEZA, sensato/sensatEZ.

» Nas palavras derivadas de outras escritas com Z.

Exemplos: cruZ/cruZamento, desliZe/desliZar.

» Nas palavras derivadas com as seguintes terminações: ZADA, ZAL, ZARRÃO, ZEIRO, ZINHO, ZITO, ZONA, ZORRA, ZUDO.

Exemplos: guri/guriZADA, café/cafeZAL, homem/homenZARRÃO, cinza/cinZEIRO, pão/pãoZINHO, cão/cãoZITO, mãe/mãeZONA, mão/mãoZORRA, pé/peZUDO.

» Na terminação IZAR que forma verbos.

Exemplos: atual/atualIZAR, hospital/hospitalIZAR, humano/humanIZAR.

Usa-se Ç

» Em todos os substantivos derivados dos verbos TER, TORCER e seus derivados.

Exemplos: obTER/obtenÇão, TORCER/torÇão, disTORCER/distorÇão.

> Após ditongos.

  Exemplos: f*ei*Ção/l*ou*Ça.

> Nas terminações AÇÃO e ÇÃO, que formam substantivos a partir de verbos.

  Exemplos: exportar/exportAÇÃO, construir/construÇÃO.

> Nas terminações AÇA (O), IÇA (O), UÇA (O).

  Exemplos: barcAÇA/canIÇO/dentUÇA.

Usa-se X

> Depois de ditongo.

  Exemplos: am*ei*Xa, f*ai*Xa.

CUIDADO

As palavras **caucho** e **recauchutar** fogem a essa regra. Como se vê, depois do ditongo, ocorre **CH**.

> Depois da sílaba inicial EN.

  Exemplos: *en*Xada, *en*Xaqueca, *en*Xurrada.

CUIDADO

Como toda regra tem suas exceções, a palavra **encher** e todas as que derivam dela, como **preencher**, **enchimento**, entre outras são escritas com **CH**.

Essa regra também deixa de valer se o **EN** for um prefixo que se junta a uma palavra que se escreve com **CH**. Por exemplo, na palavra **enchumaçar**, acrescentou-se o prefixo **EN** à palavra **chumaço**, que significa porção de algodão.

CAPÍTULO 22 **Taxa ou Tacha? Descomplicando a Ortografia**

> Depois da sílaba inicial ME.
>
> Exemplos: meXer, meXicano, meXilhão.

CUIDADO

A palavra **mecha** (de cabelo) é escrita com **CH**, mas, nesse caso, o **e** da sílaba tônica **me** é pronunciado de forma aberta, ao contrário do que acontece nas palavras **mexer**, **mexerica**, entre outras.

Usa-se J

> Nas palavras derivadas de outras que são escritas com J.
>
> Exemplos: Jeito/aJeitar.

> Nas formas dos verbos que terminam em JAR.
>
> Exemplos: arranJAR/arranJei

> Na terminação AJE.
>
> Exemplos: lAJE, trAJE.

Usa-se G

> Nas palavras derivadas de outras que já apresentam o G.
>
> Exemplos: Gesso/enGessar.

> Nas palavras terminadas em ÁGIO, ÉGIO, ÍGIO, ÓGIO, ÚGIO.
>
> Exemplos: contÁGIO, colÉGIO, vestÍGIO, relÓGIO, refÚGIO.

> Nos substantivos terminados em AGEM, IGEM e UGEM.
>
> Exemplos: corAGEM, fulIGEM, ferrUGEM.

Os substantivos **lambujem** (gorjeta), **lajem** (variação de laje) e **pajem** (menino que faz parte de um cortejo de casamento) são escritos com **J**.

Nos verbos terminados em **GER** (reger) e **GIR** (agir), ocorre variação na grafia. Antes das vogais **E** e **I** mantém-se a letra **G**, já antes das vogais **A** e **O** usa-se o **J**. Isso ocorre porque antes das vogais **A**, **O** e **U** o som da letra **G** se altera. Por isso, escrevemos **agimos** com **G**, mas **ajo** com **J**.

> **NESTE CAPÍTULO**
>
> » Conhecendo a utilidade do hífen
> » Aprendendo a empregar o hífen

Capítulo **23**

O Hífen: Traço de União?

O hífen, ou traço de união, como também é chamado, tem provocado mais discórdia do que união, como sugere um dos nomes do sinal, principalmente depois das alterações propostas pelo Acordo Ortográfico de 2009, que alterou alguns empregos do hífen já fixados por nossa memória visual.

Não é de hoje, porém, que o emprego do hífen vem provocando dificuldades para nós, usuários da língua portuguesa. O melhor a fazer, por isso, é organizar essa questão da forma mais clara e didática possível. Vamos tentar?

O Uso Geral do Hífen

Alguns empregos do hífen não geram qualquer dúvida. São os usos mais objetivos que ocorrem nas seguintes situações:

» Separação de sílabas.
   Exemplo: sa-ú-de

» Separação de sílabas na passagem de uma linha para outra (translineação).
   Exemplo: anoite-/cer

» Ligação do pronome oblíquo átono com o verbo.
   Exemplo: terminá-lo

» Formas repetidas das onomatopeias (palavras que imitam sons).
   Exemplo: reco-reco

» Palavras formadas pelos sufixos açu, guaçu e mirim com valor adjetivo quando o primeiro elemento termina em sílaba tônica acentuada ou não.
   Exemplos: capim-açu, sabiá-guaçu, Ceará-mirim

Outros Casos de Emprego do Hífen

Além dos casos acima, o hífen ocorre também em palavras formadas por prefixos ou falsos prefixos e em palavras compostas por outras.

Emprego do hífen com prefixos e falsos prefixos

Alguns prefixos e sufixos são sempre seguidos de hífen. Outros, porém, podem ou não ser seguidos do traço de união; de modo geral, tudo vai depender da letra com que se inicia a palavra seguinte. A Tabela 23–1 mostra com clareza esses casos:

TABELA 23-1   Emprego do hífen

Com os prefixos ou falsos prefixos	Emprega-se o hífen	Exemplos
além, aquém, ex (com sentido de estado anterior), recém, sem, vice, vizo, sota, soto e as formas tônicas pré, pró e pós	sempre	além-mar, aquém-mar, ex-marido, recém-casado, sem-teto, vice-presidente, vizo-rei, sota-vento, soto-pôr, pré-natal, pró-ativo, pós-graduação
circum, pan	quando o segundo elemento começar por vogal, H, M ou N	circum-navegação, circum-hospitalar, pan-americano, pan-hispânico
aero, agro, ante, anti, arqui, auto, bio, contra, eletro, entre, extra, geo, hidro, infra, intra, inter, macro, maxi, micro, mini, multi, neo, pluri, proto, pseudo, retro, semi, sobre, supra, tele, ultra	quando o segundo elemento começar por H quando o prefixo terminar na mesma vogal com que se inicia o segundo elemento	ante-histórico, anti-ibérico, contra-ataque, entre-estadual, extra-humano, sobre-humano, supra-atmosférico, ultra-atômico, arqui-inimigo, auto-hipnose, bio-história, eletro-óptica, geo-histórico, inter-relação, macro-história, micro-ônibus, neo-holandês, proto-história, semi-integral, tele-educação
ab, ob, sob, sub	quando o segundo elemento começa por B, H ou R	ab-reptício, ob-rogar, sub-base
hiper, inter, super	quando o segundo elemento começar por H quando o segundo elemento começar por R	hiper-hidrose, inter-helênico, super-reativo

CAPÍTULO 23 **O Hífen: Traço de União?**   243

Emprego do hífen em palavras compostas

Na língua portuguesa, existem palavras que são formadas a partir de duas outras. São as chamadas *palavras compostas*. É o caso da palavra **amor-perfeito**, que dá nome a uma flor. O hífen, no entanto, nem sempre ocorre nesses compostos. As palavras **girassol** e **passatempo** são exemplos disso. Por esse motivo, fique atento à Tabela 23–2 para saber quando usar o hífen nas palavras compostas.

TABELA 23–2 Emprego do hífen nas palavras compostas

Em compostos	Emprega-se hífen	Exemplos
iniciados pelas palavras grão/grã e recém	sempre	Grã-Bretanha, recém-eleito
ligados por artigo	sempre	Todos-os-Santos
que nomeiam espécies botânicas ou zoológicas	sempre	erva-doce, leão-marinho, comigo-ninguém-pode (planta)
que indicam os dias da semana	sempre	quarta-feira, sexta-feira
em que a palavra mor é o segundo elemento	sempre	guarda-mor
iniciados pela palavra bem	quando se liga a verbo ou a adjetivo quando o segundo elemento começa por vogal, M, N ou R	bem-vindo, bem-dotado, bem-estar, bem-humorado, bem-mandado, bem-nascido

iniciados pela palavra mal	quando o segundo elemento começa por vogal, H ou L	mal-estar, mal-humorado, mal-limpo
com a palavra geral	quando o primeiro elemento indicar função, lugar de trabalho ou órgão	diretor-geral, secretário-geral
que nomeiam um povo ou nação	quando são derivados de nomes de lugar compostos	norte-americano, rio-grandense-do-sul
formados por palavras de mesma classe gramatical (substantivo + substantivo/verbo + verbo, etc.)	na maioria dos casos	navio-escola, corre-corre
formados por elementos que, juntos, perderam seu significado original	na maioria dos casos	pão-duro (= avarento)

CUIDADO

Como você viu, o advérbio **bem**, quando se liga a verbo ou adjetivo, pede o hífen, mas, nas palavras compostas **bem-dizer** e **bem-querer**, pode-se ou não usar o hífen (**bendizer** e **benquerer**). Já nas formas **benfazer** e **benquistar** não ocorre hífen.

CUIDADO

O substantivo **mal** com o significado de doença é sempre separado por hífen. É o que ocorre na palavra **mal-morfético** (= lepra). Veja a Tabela 23–3, que mostra os casos em que não se emprega o hífen.

TABELA 23-3   Casos em que não se emprega o hífen

Não se usa hífen	Exemplos
com a palavra não com valor de prefixo	não verbal, não fumante
se os prefixos pre, pro e pos forem átonos	prever, propor e pospor
nas palavras em que o prefixo ou falso prefixo termina em vogal e o segundo elemento começa por R ou S, devendo essas consoantes se duplicarem	antessala, antissocial, ultrarromântico, ultrassonografia entre outras
com os prefixos an e re	analfabeto, reencontro
nas locuções de qualquer tipo	fim de semana, dia a dia, ao passo que
em que se perde a noção de composição quase sempre em razão de um dos elementos não ter vida própria na língua	madressilva, bancarrota, pontapé

Casos Polêmicos

» Com o Acordo Ortográfico de 2009, não se emprega mais o hífen nas palavras paraquedas (e seus derivados, como paraquedistas) e mandachuva, mas outros compostos com a forma verbal para continuam com hífen. É o caso de para-brisas, para-choque e para-lama. Também os outros compostos com a palavra manda continuam com hífen, como manda-tudo.

» Nas locuções de qualquer tipo, não se emprega o hífen, mas há exceções. É o caso de água-de-colônia, arco-da-velha, cor-de-rosa, mais-que-perfeito e pé-de-meia. Assim, não confunda: água de cheiro não tem hífen, mas água-de-colônia tem. O mesmo vale para cor-de-rosa e cor-de-carne. Segundo estudiosos, o hífen ocorre nas expressões consagradas pelo uso.

246   PARTE 5 **Escrevendo Certo: Tudo o Que Você Precisa para Não...**

CONHEÇA OUTROS LIVROS DA PARA LEIGOS

Negócios - Nacionais - Comunicação - Guias de Viagem
Interesse Geral - Informática - Idiomas

Todas as imagens são meramente ilustrativas.

SEJA AUTOR DA ALTA BOOKS!

Envie a sua proposta para: autoria@altabooks.com.br

Visite também nosso site e nossas redes sociais para conhecer lançamentos e futuras publicações!

www.altabooks.com.br

/altabooks • /altabooks • /alta_books